SSC_A_1403_02. Organización de actividades de promoción de igualdad efectiva en materia de empleo

Francisco Javier Ojeda Baena

ic editorial

SSC_A_1403_02. Organización de actividades de promoción de igualdad efectiva en materia de empleo
© Francisco Javier Ojeda Baena

1ª Edición

© IC Editorial, 2026

Editado por: IC Editorial
c/ Cueva de Viera, 2, Local 3
Centro Negocios CADI
29200 Antequera (Málaga)
Teléfono: 952 70 60 04
Fax: 952 84 55 03
Correo electrónico: iceditorial@iceditorial.com
Internet: www.iceditorial.com

ISBN: 979-13-7027-170-1
Depósito Legal: MA 422-2026

Impresión: PODiPrint
Impreso en Andalucía – España

Nota de la editorial: IC Editorial pertenece a Innovación y Cualificación S. L.

Presentación del manual

El **Certificado Profesional,** anteriormente llamado Certificado de Profesionalidad, constituye el Grado C en el Sistema de Formación Profesional, asociado a un perfil profesional. Acredita la capacitación para el desarrollo de una actividad profesional concreta a través de las competencias adquiridas. Tiene carácter parcial y acumulable cuando existan Ciclos Formativos (Grado D) en los que sus módulos profesionales se encuentren contenidos en su totalidad o en parte.

El elemento mínimo acreditable es el **Estándar de Competencia.** La suma de las acreditaciones de los Estándares de Competencia conforma la acreditación del **Módulo Profesional** (Grado B).

Un Estándar de Competencia se define como una agrupación de tareas productivas que realiza el profesional. Los diferentes Estándares de Competencia de un Certificado Profesional conforman la **Competencia General.** Definiendo el conjunto de conocimientos y capacidades que permiten el ejercicio de una actividad profesional determinada.

Cada Estándar o Estándares de Competencia lleva asociado un Módulo Profesional, donde se describe la formación necesaria para adquirir ese Estándar de Competencia, pudiendo dividirse en **Bloques Formativos** (Grado A).

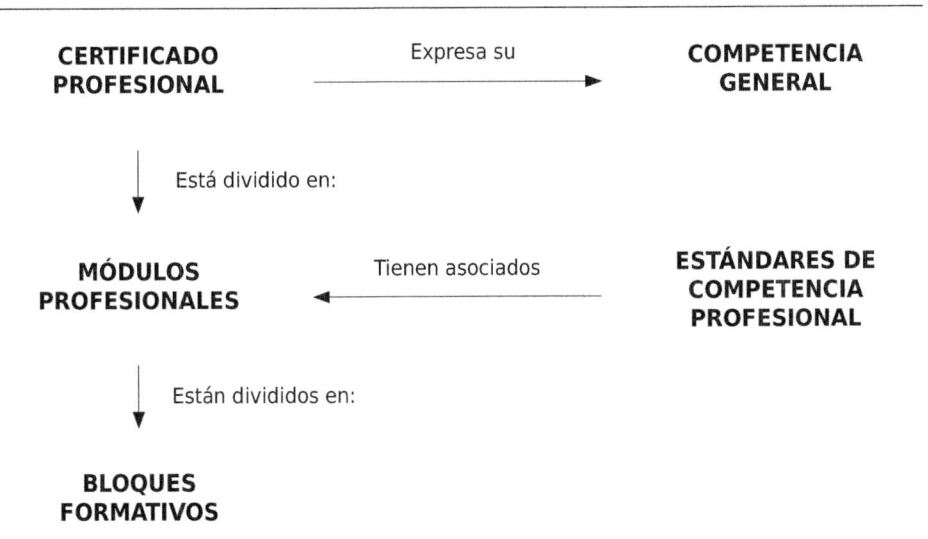

El presente manual desarrolla el Bloque Formativo **SSC_A_1403_02 Organización de actividades de promoción de igualdad efectiva en materia de empleo**

Perteneciente al Módulo Profesional **SSC_B_1403. Promoción del empleo femenino,**

Asociado al Estándar/Estándares de Competencia:

⇨ **UC1582_3:** Detectar e informar a organizaciones, empresas, mujeres y agentes del entorno de intervención sobre relaciones laborales y la creación, acceso y permanencia del empleo en condiciones de igualdad efectiva de mujeres y hombres.

del Certificado Profesional **SSC_C_009_5B. Intervención para la promoción de la igualdad de género en el ámbito comunitario y organizacional y la participación social de las mujeres**

SSC_A_1403_02

| **ORGANIZACIÓN DE ACTIVIDADES DE PROMOCIÓN DE IGUALDAD EFECTIVA EN MATERIA DE EMPLEO** | Tiene asociado el ◄── | **ESTÁNDARES DE COMPETENCIA UC1582_3** |

Compuesto de los siguientes
BLOQUES FORMATIVOS

∨

SSC_A_1403_01. Caracterización de la situación de la mujer en materia de empleo

SSC_A_1403_02. Organización de actividades de promoción de igualdad efectiva en materia de empleo ⟩ Contenidos desarrollados en este manual

TÍTULOS ─

SSC_A_1403_03. Organización de actividades de asesoramiento y prospección de empresas

SSC_A_1403_04. Desarrollo de procesos de orientación e información a las mujeres en materia de empleo

SSC_A_1403_05. Realización de actividades de seguimiento del proceso de promoción del empleo

FICHA DE CERTIFICADO PROFESIONAL

SSC_C_009_5B. INTERVENCIÓN PARA LA PROMOCIÓN DE LA IGUALDAD DE GÉNERO EN EL ÁMBITO COMUNITARIO Y ORGANIZACIONAL Y LA PARTICIPACIÓN SOCIAL DE LAS MUJERES
(Real Decreto 208/2025, de 18 de marzo)

COMPETENCIA GENERAL: Programar, desarrollar y evaluar intervenciones relacionadas con la promoción de la igualdad de género y la participación social de las mujeres, aplicando estrategias y técnicas del ámbito de la intervención social y detectando situaciones de riesgo de discriminación por razón de sexo.

Estándares de Competencias Profesionales		Ocupaciones o puestos de trabajo relacionados
UC1020_3	Establecer y mantener relación con los principales agentes comunitarios: población, técnicos y administraciones, dinamizando la relación recíproca entre ellos.	
UC1021_3	Promover la participación ciudadana en los proyectos y recursos comunitarios.	
UC1023_3	Intervenir, apoyar y acompañar en la creación y desarrollo del tejido asociativo.	
UC1025_3	Aplicar procesos y técnicas de mediación en la gestión de conflictos entre agentes comunitarios.	• Promotores/as de igualdad de trato y de oportunidades entre mujeres y hombres.
UC1453_3	Promover y mantener canales de comunicación en el entorno de intervención, incorporando la perspectiva de género.	• Promotores/as para la igualdad efectiva de mujeres y hombres.
UC1582_3	Detectar e informar a organizaciones, empresas, mujeres y agentes del entorno de intervención sobre relaciones laborales y la creación, acceso y permanencia del empleo en condiciones de igualdad efectiva de mujeres y hombres.	• Técnicos/as de apoyo en materia de igualdad efectiva de mujeres y hombres.
UC1583_3	Participar en la detección, análisis, implementación y evaluación de proyectos para la igualdad efectiva de mujeres y hombres.	
UC1454_3	Favorecer la participación de las mujeres y la creación de redes estables que, desde la perspectiva de género, impulsen el cambio de actitudes en la sociedad y el «empoderamiento» de las mujeres.	

Correspondencia con el Catálogo Modular de Formación Profesional

Módulos profesionales	Bloques formativos	Horas
SSC_B_1128. Desarrollo comunitario (100 h)	SSC_A_1128_01. Diseño de proyectos comunitarios	15
	SSC_A_1128_02. Realización de actividades para promover la participación ciudadana en procesos comunitarios	20
	SSC_A_1128_02. Realización de actividades para promover la participación ciudadana en procesos comunitarios	20
	SSC_A_1128_04. Apoyo y soporte técnico al tejido asociativo	15
	SSC_A_1128_05. Desarrollo de procesos de mediación comunitaria	20
	SSC_A_1128_06. Realización de actividades de evaluación de los proyectos comunitarios	15

>>>

Correspondencia con el Catálogo Modular de Formación Profesional		
Módulos profesionales	**Bloques formativos**	**Horas**
SSC_B_1401. Información y comunicación con perspectiva de género (250 h)	SSC_A_1401_01. Análisis de los procesos de comunicación desde la perspectiva de género	50
	SSC_A_1401_02. Detección de situaciones de discriminación por razón de género en los procesos de comunicación e información	55
	SSC_A_1401_03. Diseño de actuaciones de comunicación e información desde la perspectiva de género	55
	SSC_A_1401_04. Implementación de actuaciones de comunicación e información no sexistas	45
	SSC_A_1401_05. Evaluación de actuaciones de comunicación e información desde la perspectiva de género	45
SSC_B_1403. Promoción del empleo femenino (250 h)	SSC_A_1403_01. Caracterización de la situación de la mujer en materia de empleo	45
	SSC_A_1403_02. Organización de actividades de promoción de igualdad efectiva en materia de empleo	**50**
	SSC_A_1403_03. Organización de actividades de asesoramiento y prospección de empresas	55
	SSC_A_1403_04. Desarrollo de procesos de orientación e información a las mujeres en materia de empleo	55
	SSC_A_1403_05. Realización de actividades de seguimiento del proceso de promoción del empleo	45
SSC_B_1404. Ámbitos de intervención para la promoción de igualdad (190 h)	SSC_A_1404_01. Caracterización del entorno de intervención desde la perspectiva de género	30
	SSC_A_1404_02. Diseño de estrategias para la igualdad efectiva entre hombres y mujeres	25
	SSC_A_1404_03. Organización de acciones para informar y sensibilizar sobre el trabajo no remunerado de las mujeres en el ámbito doméstico	30
	SSC_A_1404_04. Aplicación de estrategias para informar y sensibilizar sobre las medidas de conciliación en los diferentes ámbitos y contextos de intervención	25
	SSC_A_1404_05. Realización de actividades de control y seguimiento de la intervención en materia de igualdad efectiva	30
SSC_B_1405. Participación social de las mujeres (100 h)	SSC_A_1405_01. Caracterización de la participación social de las personas	15
	SSC_A_1405_02. Diseño de estrategias para promover la participación social de las mujeres en el ámbito público	15
	SSC_A_1405_03. Diseño de estrategias para promover el empoderamiento de las mujeres	15
	SSC_A_1405_04. Desarrollo de estrategias de intervención en procesos grupales	15
	SSC_A_1405_05. Desarrollo de procesos de acompañamiento y asesoramiento a mujeres	20
	SSC_A_1405_06. Realización de actividades de evaluación de los proyectos comunitarios	20
1782. Prevención de riesgos laborales		30

Índice

OBJETIVOS GENERALES

Los objetivos generales del **SSC_A_1403_02. Organización de actividades de promoción de igualdad efectiva en materia de empleo,** son:

- Analizar el marco legal referido a la conciliación familiar.
- Utilizar con precisión la terminología relacionada con la igualdad efectiva en el empleo.
- Detectar los elementos y obstáculos que dificultan la igualdad efectiva en materia de empleo.
- Analizar el papel de los agentes sociales en materia de información y sensibilización.
- Desarrollar actividades de sensibilización en perspectiva de género en diferentes entornos laborales.
- Aplicar técnicas de información y sensibilización en materia de igualdad efectiva en el empleo.
- Elaborar materiales de información y sensibilización en materia de empleo.
- Comprobar la accesibilidad de los soportes de comunicación para dar a conocer los servicios, recursos y acciones del entorno de intervención.
- Valorar la importancia del uso de las tecnologías de la información y la comunicación para la organización de actividades de información y sensibilización.

Normativa en materia de conciliación de la vida personal, familiar y laboral

Contenido

Objetivos

Los objetivos específicos de esta Unidad de Aprendizaje son:

→ Analizar la normativa básica en materia de conciliación de la vida personal, familiar y laboral, a nivel europeo, estatal y autonómico.

→ Conocer las medidas y acciones concretas más relevantes relacionadas con la conciliación, según la normativa vigente.

→ Reflexionar sobre el concepto de igualdad efectiva en el empleo.

→ Conocer la terminología relacionada con la igualdad efectiva en el empleo: igualdad real, igualdad formal, equidad, discriminación, segregación o suelo de cristal, entre otros.

1. Introducción

Las medidas sobre conciliación de la vida personal, laboral y familiar son políticas e instrumentos concretos que, basados en el principio de igualdad de oportunidades, entre hombres y mujeres, facilitan, como su mismo nombre indica, el equilibrio entre los diferentes aspectos de la vida de una persona trabajadora. Deben ser un derecho laboral garantizado por la legislación.

En España, la normativa estatal es clave para el desarrollo de estas medidas, puesto que la legislación laboral es competencia del Estado. Esta normativa se basa en diferentes directrices europeas, así como en otros marcos clave a nivel internacional, como, por ejemplo, la Declaración Universal de los Derechos Humanos y la Agenda 2030.

Los principales permisos, medidas o prestaciones relacionados con la conciliación de la vida personal, laboral y familiar son: permiso por nacimiento y cuidado de menor, permiso de lactancia, reducción de jornada por cuidado de hijos, hijas u otros familiares, excedencias de diferente tipología, permiso parental, permiso por hospitalización de familiares o la opción del teletrabajo, entre otros.

Estas medidas han surgido de diferentes normativas imprescindibles en este aspecto: la Ley 39/1999, de 5 de noviembre, para promover la conciliación de la vida familiar y laboral de las personas trabajadoras; la Ley Orgánica 1/2004, de 28 de diciembre, de Medidas de Protección Integral contra la Violencia de Género; la Ley Orgánica 3/2007, de 22 de marzo, para la igualdad efectiva de mujeres y hombres; el Real Decreto-ley 6/2019, de 1 de marzo, de medidas urgentes para garantía de la igualdad de trato y de oportunidades entre mujeres y hombres en el empleo y la ocupación; y el Real Decreto Legislativo 2/2015, de 23 de octubre, por el que se aprueba el texto refundido de la Ley del Estatuto de los Trabajadores.

Estas medidas, entre otras cuestiones, tienen como fin conseguir una igualdad real y efectiva, entre hombres y mujeres, en el ámbito del empleo, de forma que todas las personas tengan oportunidades y condiciones similares a la hora de acceder, mantener o promocionar en el mercado laboral.

La igualdad formal, o ante la ley, existe y viene marcada por la Constitución, pero hay que desarrollar políticas y acciones concretas para alcanzar la igualdad de oportunidades, además de luchar en contra de las discriminaciones o segregaciones que sufren las mujeres: discriminación directa, como, por ejemplo, un despido por embarazo; discriminación indirecta, como, por ejemplo, mayor tasa de parcialidad en el empleo o las barreras invisibles que existen para alcanzar puestos de responsabilidad, el conocido como "techo de cristal".

A lo largo de esta unidad analizaremos las principales medidas relacionadas con la conciliación de la vida personal, laboral y familiar, así como la normativa jurídica que la sustenta, para posteriormente reflexionar sobre la igualdad efectiva y real en el ámbito del empleo, así como sobre las dificultades a las que se enfrentan las mujeres.

Para ello, nos basaremos en el caso de Jimena, una graduada en Relaciones Laborales y Recursos Humanos que, tras las consultas recibidas por gran cantidad de clientas en su gestoría, decide preparar un manual sobre medidas de conciliación de la vida personal, laboral y familiar, ofreciendo además apoyo real en los procesos de fomento de la igualdad de oportunidades entre hombres y mujeres.

2. Marco legal europeo

☞ HILO CONDUCTOR

Antes de iniciar el análisis de la normativa estatal, clave para las políticas de conciliación, Jimena decide hacer un repaso de la normativa principal, a nivel internacional y europeo. Las directrices europeas determinan, en gran medida, las medidas promulgadas y desarrolladas por el Gobierno de España.

Para comprender las políticas de conciliación de la vida personal, laboral y familiar, es necesario analizar su marco normativo. Para ello, vamos a realizar un análisis a nivel internacional y europeo, para después aterrizar a nivel estatal y autonómico.

La conciliación, en el ámbito del empleo y la igualdad de oportunidades, hace referencia a las políticas, instrumentos o acciones concretas que permiten a las personas conjugar su vida personal, laboral y familiar.

La conciliación debe ser un derecho laboral de todas las personas, además de un pilar básico para garantizar la igualdad de oportunidades entre hombres y mujeres.

 **DEFINICIÓN**

Conciliación de la vida laboral y familiar
Participación equilibrada entre mujeres y hombres en la vida familiar y en el mercado de trabajo, mediante la reestructuración y reorganización de los sistemas laboral, educativo y de recursos sociales, con el fin de conseguir la igualdad de oportunidades en el empleo, variar los roles y estereotipos tradicionales, y cubrir las necesidades de atención y cuidado a personas dependientes.

Además de revisar el marco normativo a nivel europeo, vamos a analizar la norma marco de los derechos humanos y la promoción de la igualdad, la Declaración Universal de los Derechos Humanos, además de la actual Agenda 2030.

2.1. Declaración Universal de los Derechos Humanos

La Declaración Universal de los Derechos Humanos fue proclamada por la Asamblea General de las Naciones Unidas el 10 de diciembre de 1948. A través de ella, los países se comprometieron a que todas las personas, independientemente de su condición, deberían ser tratadas de forma igualitaria.

 SABÍAS QUE...

Las Naciones Unidas nacieron oficialmente el 24 de octubre de 1945. En la actualidad, 193 Estados son miembros de esta organización internacional.

La ONU, actualmente, cubre cinco áreas principales de intervención:

1. Mantener la paz y la seguridad internacionales.
2. Proteger los derechos humanos.
3. Distribuir ayuda humanitaria.
4. Apoyar el desarrollo sostenible y la acción climática.
5. Defender el derecho internacional.

En su **preámbulo** ya se remarca el valor de la igualdad de oportunidades, entre hombres y mujeres, así como la promoción del progreso social. Dice así: "... los pueblos de las Naciones Unidas han reafirmado [...] los derechos fundamentales del hombre, en la dignidad y el valor de la persona humana y en la igualdad de derechos de hombres y mujeres, y se han declarado resueltos a promover el progreso social y a elevar el nivel de vida...".

Derechos humanos e igualdad de oportunidades deben ser las dos caras de la misma moneda.

Los **artículos de la Declaración** relacionados, de forma directa o indirecta, con la conciliación son:

- **Vida familiar:** artículo 25.2: "La maternidad y la infancia tienen derecho a cuidados y asistencia especiales. Todos los niños, nacidos de matrimonio o fuera de matrimonio, tienen derecho a igual protección social".
- **Vida personal:** artículos 22 y 25.1: "Toda persona, como miembro de la sociedad, tiene derecho a la seguridad social, y a obtener, mediante el esfuerzo nacional y la cooperación internacional, habida cuenta de la organización y los recursos de cada Estado, la satisfacción de los derechos económicos, sociales y culturales, indispensables a su dignidad y al libre desarrollo de su personalidad".
  "Toda persona tiene derecho a un nivel de vida adecuado que le asegure, así como a su familia, la salud y el bienestar, y en especial la alimentación, el vestido, la vivienda, la asistencia médica y los servicios sociales necesarios".
- **Vida laboral:** artículos 23 y 24: "Toda persona tiene derecho al trabajo, a la libre elección de su trabajo, a condiciones equitativas y satisfactorias de trabajo y a la protección contra el desempleo. Toda persona tiene de-

recho, sin discriminación alguna, a igual salario por trabajo igual. Toda persona que trabaja tiene derecho a una remuneración equitativa y satisfactoria, que le asegure, así como a su familia, una existencia conforme a la dignidad humana y que será completada, en caso necesario, por cualesquiera otros medios de protección social. Toda persona tiene derecho a fundar sindicatos y a sindicarse para la defensa de sus intereses". "Toda persona tiene derecho al descanso, al disfrute del tiempo libre, a una limitación razonable de la duración del trabajo y a vacaciones periódicas pagadas".

2.2. La Agenda 2030

La **Agenda 2030 para el Desarrollo Sostenible,** aprobada en 2015, a través de medidas concretas, se convierte en un instrumento de acción a favor de las personas, el planeta y la prosperidad universal, fortaleciendo la paz y la justicia.

La Agenda 2030 plantea **17 Objetivos con 169 metas** que abarcan las esferas económica, social y ambiental. El compromiso de los países es alcanzar, a nivel global, estos objetivos para el año 2030.

 IMPORTANTE

Según la Agenda 2030, los Objetivos de Desarrollo Sostenible (ODS) constituyen un llamamiento universal a la acción para poner fin a la pobreza, proteger el planeta y mejorar las vidas y las perspectivas de las personas en todo el mundo.

Los **ODS y metas concretas** relacionados con la conciliación personal, laboral y familiar, de una forma más directa o indirecta, son:

- ⮑ **ODS 5: Meta 5.4.** Reconocer y valorar los cuidados y el trabajo doméstico no remunerados mediante servicios públicos, infraestructuras y políticas de protección social, y promoviendo la responsabilidad compartida en el hogar y la familia, según proceda en cada país.
- ⮑ **Meta 5.5.** Asegurar la participación plena y efectiva de las mujeres y la igualdad de oportunidades de liderazgo a todos los niveles decisorios en la vida política, económica y pública.

- ⮑ **ODS 8: Meta 8.5.** De aquí a 2030, lograr el empleo pleno y productivo y el trabajo decente para todas las mujeres y los hombres, incluidos los jóvenes y las personas con discapacidad, así como la igualdad de remuneración por trabajo de igual valor.
- ⮑ **ODS 3: Meta 3.4.** Para 2030, reducir en un tercio la mortalidad prematura por enfermedades no transmisibles mediante la prevención y el tratamiento y promover la salud mental y el bienestar.

La Agenda 2030, de forma directa e indirecta, a través de diversos Objetivos de Desarrollo Sostenible, muestra un interés real por la igualdad de oportunidades entre hombres y mujeres.

 ACTIVIDAD COMPLEMENTARIA

1. Reflexiona y contesta a las siguientes cuestiones.
   La Agenda 2030 es un plan de acción que debe marcar las políticas de los diferentes Estados, a través de intervenciones concretas. Busca información sobre los 17 Objetivos de Desarrollo Sostenible (ODS) con sus 169 metas.

   Para resolver esta actividad tendrás que acceder al siguiente enlace:

https://redirectoronline.com/1403020101

- • ¿En qué ODS se tiene presente la lucha por la igualdad de oportunidades, entre hombres y mujeres, de forma más directa o indirecta?
- • Con respecto a la igualdad de oportunidades, ¿crees que se podría incluir alguna meta u objetivo concreto más?

2.3. Normativa europea

Las normas jurídicas promulgadas por España, con respecto a la igualdad de oportunidades, entre hombres y mujeres, y sobre algunas medidas concretas relacionadas con la conciliación de la vida personal, familiar y laboral, en gran parte, se basan en las **normas y directrices europeas.**

 SABÍAS QUE...

España, junto a Portugal, entró en la Unión Europea el 1 de enero de 1986 en lo que en ese momento se denominaba Comunidad Económica Europea (CEE). Unos de los principales objetivos de la Unión, desde sus inicios, ha sido mejorar las condiciones de vida de la población europea.

En el **Tratado de Roma (1957),** encontramos el origen del compromiso de la Unión Europea por la promoción de la igualdad de hombres y mujeres.

Posteriormente, en el año 1974, se creó el **primer Programa de Acción Social,** impulsando así el inicio de la política social comunitaria. A partir de ahí, se diseñaron diferentes acciones concretas centradas en cumplir objetivos relacionados con la igualdad de oportunidades entre hombres y mujeres y con la inserción laboral de los grupos más desfavorecidos.

A mediados de **1987,** entró en vigor en los países de la Unión Europea **la llamada Acta Única Europea.** Esto implicó un gran desarrollo de las políticas sociales y medidas concretas relacionadas con la formación, la igualdad y el empleo.

El **Tratado de Maastricht** (1992) remarcó la idea de igualdad de oportunidades e igualdad de trato en el mercado de trabajo. Por otro lado, cinco años después, el **Tratado de Ámsterdam** (1997) mencionaba el papel de las **acciones positivas** como instrumento que podían utilizar los Estados miembros para compensar las desigualdades o facilitar al sexo menos representado el ejercicio de actividades profesionales concretas.

Una vez analizados varios hitos importantes del siglo pasado, a nivel de la UE, con respecto a la igualdad, vamos a presentar varias acciones y estrategias concretas actuales.

El 6 de marzo de 2024, el Comité de Ministros del Consejo de Europa aprobó la **Estrategia de Igualdad de Género 2024-2029.** Los objetivos concretos de la Estrategia son:

- ➲ Prevenir y combatir los estereotipos de género y el sexismo.
- ➲ Prevenir y combatir la violencia contra las mujeres y las niñas, y la violencia doméstica.
- ➲ Garantizar el acceso igualitario de las mujeres y niñas a la justicia.
- ➲ Lograr una participación equilibrada de mujeres y hombres en la vida política, pública, social y económica.
- ➲ Garantizar el empoderamiento de las mujeres y la igualdad de género en relación con los retos mundiales y geopolíticos.
- ➲ Lograr incorporar la perspectiva de género con carácter transversal e incluir un enfoque interseccional en todas las políticas y medidas.

Por último, vamos a repasar algunas **normas clave, a nivel europeo,** relacionadas con la conciliación de la vida personal, familiar y laboral:

> **Directiva 96/34/CE del Consejo, de 3 de junio de 1996**
> - Se reconoce el derecho individual a un permiso parental a todas las personas trabajadoras, hombres y mujeres, por motivo del nacimiento o adopción de un hijo o hija, para así poder ocuparse durante, al menos, tres meses.

> **Directiva 2006/54/CE, de 5 de julio de 2006, del Parlamento Europeo y del Consejo**
> - Se pone énfasis en la importancia de avanzar hacia una jornada laboral más flexible y en fomentar la responsabilidad compartida entre hombres y mujeres. La UE insta a los países a adaptar la normativa de forma que el permiso parental destinado a hombres sea un derecho individual e intransferible.

> **Directiva 2019/1158 del Parlamento Europeo y del Consejo de 20 de junio de 2019**
> - Introduce un permiso de paternidad de, al menos, 10 días laborales por motivos de nacimiento o adopción.

3. Marco legal nacional

☞ **HILO CONDUCTOR**

A continuación, Jimena selecciona las normas que, en la práctica, determinan los principales permisos, prestaciones y medidas: la Constitución de 1978; la Ley Orgánica 3/2007, de 22 de marzo, para la igualdad efectiva de mujeres y hombres; y el Real Decreto Legislativo 2/2015, de 23 de octubre, por el que se aprueba el texto refundido de la Ley del Estatuto de los Trabajadores, entre otras.

Una vez revisada la normativa principal, a nivel internacional y europeo, vamos a repasar las principales **normas estatales** que, de forma más directa o indirecta, están relacionadas con las **políticas de conciliación** de la vida personal, laboral y familiar.

En la **Constitución española de 1978,** la ley de leyes, destacan tres artículos especialmente vinculados a las políticas de conciliación:

Artículo 14
- "Los españoles son iguales ante la ley, sin que pueda prevalecer discriminación alguna por razón de nacimiento, raza, sexo, religión, opinión o cualquier otra condición o circunstancia personal o social".

Artículo 35
- "Todos los españoles tienen el deber de trabajar y el derecho al trabajo, a la libre elección de profesión u oficio, a la promoción a través del trabajo y a una remuneración suficiente para satisfacer sus necesidades y las de su familia, sin que en ningún caso pueda hacerse discriminación por razón de sexo".

Artículo 9
- "Corresponde a los poderes públicos promover las condiciones para que la libertad y la igualdad del individuo y de los grupos en que se integra sean reales y efectivas; remover los obstáculos que impidan o dificulten su plenitud y facilitar la participación de todos los ciudadanos en la vida política, económica, cultural y social".

 **IMPORTANTE**

La Constitución remarca en su artículo 14 la igualdad de oportunidades y la no discriminación, en su artículo 35 el derecho al trabajo, sin que pueda existir discriminación por razón de sexo, y en su artículo 9 se destaca el papel de las Administraciones para conseguir la igualdad efectiva y real.

Por tanto, las diferentes administraciones deben diseñar políticas y estrategias concretas para alcanzar la igualdad. En este contexto, pueden enmarcarse las políticas de igualdad.

3.1. Las leyes relacionadas con la igualdad y la conciliación

Más allá de la Constitución, vamos a analizar las principales leyes en materia de igualdad de oportunidades, prevención de la violencia y conciliación:

- **Ley 39/1999, de 5 de noviembre, para promover la conciliación de la vida familiar y laboral de las personas trabajadoras:** esta ley nació con el fin de establecer y adoptar medidas concretas para permitir un reparto equilibrado de las responsabilidades familiares entre hombres y mujeres. Entre otras cuestiones, modificó los permisos por hospitalización de familiares, las excedencias relacionadas con el cuidado de familiares, el derecho a la reducción de jornada y la ampliación del permiso de maternidad en casos de parto múltiple.
- **Ley Orgánica 1/2004, de 28 de diciembre, de Medidas de Protección Integral contra la Violencia de Género:** esta ley nació con el fin de abordar la lacra de la violencia de género desde un enfoque integral: prevención, intervención y protección. También estableció medidas concretas relacionadas con la conciliación para mujeres víctimas de violencia de género: ausencia del puesto de trabajo, reducción de la jornada laboral, movilidad geográfica o suspensión del contrato con reserva del puesto de trabajo.
- **Ley Orgánica 3/2007, de 22 de marzo, para la igualdad efectiva de mujeres y hombres:** esta ley nació con el fin de promocionar la igualdad efectiva y real entre hombres y mujeres, adaptándose a la normativa europea e internacional. Esta norma destaca por su principio de transversalidad, cuyo fin es incluir la perspectiva de género en todas las políticas públicas (empleo, sanidad, educación, desarrollo rural, etc.). Establece un marco general para la adopción de acciones posi-

tivas, como estrategias clave para alcanzar la igualdad real y efectiva entre mujeres y hombres.

La norma obliga a las empresas a garantizar los derechos de conciliación de la vida personal, familiar y profesional de los trabajadores y las trabajadoras.

- **Real Decreto-ley 6/2019, de 1 de marzo, de medidas urgentes para garantía de la igualdad de trato y de oportunidades entre mujeres y hombres en el empleo y la ocupación:** tomando como referencia la ley de igualdad, este R. D. estableció medidas concretas para garantizar la igualdad de oportunidades y de trato. Además, introdujo mejoras sobre la adaptación de jornada y los permisos de nacimiento.

- **Real Decreto Legislativo 2/2015, de 23 de octubre, por el que se aprueba el texto refundido de la Ley del Estatuto de los Trabajadores:** es la norma principal que regula las relaciones laborales en España. Aunque no es una norma directamente relacionada ni con la igualdad de oportunidades ni con la conciliación, es un instrumento esencial que define acciones concretas para potenciar la conciliación de la vida personal, laboral y familiar.

3.2. Acciones concretas de conciliación de la vida personal, familiar y laboral

Según la normativa jurídica que acabamos de analizar en España, se han diseñado **medidas y acciones** concretas para fomentar la conciliación de la vida personal, familiar y laboral, en función del principio de igualdad de oportunidades entre hombres y mujeres.

Prestación por nacimiento y cuidado de menor

Desde el 1 de abril de 2019, las antiguas prestaciones por maternidad y paternidad se unificaron en una única prestación, denominada nacimiento y cuidado de menor.

Este permiso ha supuesto un avance importante en favor de la igualdad de oportunidades entre hombres y mujeres, sin hacer distinción entre géneros, además de una medida inclusiva con respecto a los nuevos tipos de familia.

El permiso puede solicitarse en casos de nacimiento de un hijo o hija, adopción, guarda o acogida.

 **VÍDEO**

La prestación por nacimiento y cuidado de menor es una de las medidas clave en favor de la conciliación familiar y laboral. Los cambios normativos cuidan especialmente a las familias monoparentales y monomarentales, además de a las personas con discapacidad. En el siguiente vídeo, además de repasar los cambios normativos, puedes ver cómo es el proceso de solicitud de esta prestación. Accede desde aquí.

https://redirectoronline.com/1403020102

Con el **Real Decreto-ley 9/2025, de 29 de julio,** se amplía el permiso de nacimiento y cuidado, quedando como se indica en la siguiente tabla:

¿Cómo queda el permiso por nacimiento y cuidado tras la publicación de este R. D.-ley?		
	Hecho causante: del 2 de agosto de 2024 al 30 de julio de 2025	Hecho causante: a partir del 31 de julio de 2025
Por progenitor	- 18 semanas	- 19 semanas
En casos de monoparentalidad	- 30 semanas	- 32 semanas
Distribución del descanso	- 6 semanas obligatorias e ininterrumpidas - 10 semanas durante los primeros 12 meses - 20 semanas durante los primeros 12 meses (en casos de monoparentalidad) - 2 semanas más antes de que el niño o niña cumpla 8 años (4 en casos de monoparentalidad)	- 6 semanas obligatorias e ininterrumpidas - 11 semanas durante los primeros 12 meses - 22 semanas durante los primeros 12 meses (en casos de monoparentalidad) - 2 semanas más antes de que el niño o niña cumpla 8 años (4 en casos de monoparentalidad)
Otras implicaciones	- 1 semana por hijo o hija adicional (nacimientos múltiples) - 1 semana por discapacidad del menor o de la menor - Hasta 13 semanas por hospitalización del menor o de la menor	

TAREA 1

Ana es una empresaria del sector de la automoción que tiene en su plantilla a dos mujeres que acaban de ser madres. La hija de Rosa nació el pasado 2 de julio de 2026, mientras que el hijo de Amanda nació el 18 de agosto de 2026. Según la normativa vigente, ¿cuánto durará el permiso de nacimiento y cuidado de menor en cada caso?

Permiso por lactancia o permiso para el cuidado del bebé lactante

Es un permiso retribuido, reconocido por el Estatuto de los Trabajadores, concretamente regulado en el artículo 37.4. Este permiso es independiente de que la lactancia sea natural o artificial y lo pueden solicitar ambos progenitores, en caso de hijos o hijas naturales, adoptación, guardia o custodia.

El permiso se puede disfrutar hasta que la persona menor cumpla **nueve meses.** La persona trabajadora, salvo causas de fuerza mayor, deberá preavisar a la empresa con una antelación de quince días o la que se determine en el convenio colectivo aplicable, precisando la fecha en que iniciará y finalizará el permiso.

El permiso, a rasgos generales, salvo mejora a través del convenio colectivo, se puede disfrutar de las siguientes formas:

> **Una hora o dos fracciones de media hora** cada día de jornada efectiva de trabajo.

> **Reducción de jornada.** Solicitar entrar o salir media hora antes de lo habitual. En este caso se consideraría reducción de jornada y únicamente se tendría derecho a media hora por cada jornada de trabajo.

> **Lactancia acumulada.** Acumular las horas de lactancia en jornadas completas, de forma que la persona trabajadora se ausentaría del puesto de trabajo durante, al menos, 15 días laborables.

Por otro lado, también es posible extender el disfrute de este permiso hasta los doce meses del niño o niña, aunque con **reducción de salario** a partir del mes nueve.

La lactancia, natural o artificial, es un derecho de todas las personas trabajadoras, hombres y mujeres.

Es importante tener presente que la persona progenitora no podrá disfrutar del permiso por lactancia hasta que no haya agotado todas las semanas disponibles del permiso por nacimiento y cuidado de menor.

 PARA SABER MÁS

El Estatuto de los Trabajadores es una de las normas básicas que regula los derechos y deberes laborales, así como algunas medidas clave para garantizar la conciliación de la vida personal, laboral y familiar.

¿A qué medidas nos referimos? Permisos retribuidos y no retribuidos, vacaciones, derechos sindicales, etc. Accede desde aquí para conocerlas.

https://redirectoronline.com/1403020103

Las excedencias laborales

Una excedencia es una **suspensión temporal** de la relación laboral entre la empresa y la persona trabajadora, por **voluntad propia** de esta, según lo establecido en el Estatuto de los Trabajadores o en el convenio colectivo de aplicación.

Durante el tiempo de la excedencia, la persona trabajadora no tiene que prestar sus servicios y, por tanto, no percibirá su salario. Sin duda, es una medida clave para poner en valor la vida personal y familiar de las personas trabajadoras, puesto que estas conservan su **derecho a reincorporarse** a su empresa, pasado el tiempo establecido en la excedencia, con ciertas limitaciones según la ley.

Según el **Estatuto de los Trabajadores,** existen las siguientes tipologías de excedencia:

➲ **Excedencia voluntaria:** es aquella que se produce cuando la persona trabajadora, por una decisión personal, solicita la suspensión temporal de su contrato de trabajo. La persona no trabaja, no recibe su salario y tampoco cotiza a la Seguridad Social para ciertas prestaciones, como, por ejemplo, la prestación por desempleo o la jubilación. Su duración puede ir desde los cuatro meses, como mínimo, hasta los cinco años. Los requisitos para solicitarla son:

  ↻ La persona trabajadora debe tener una antigüedad en la empresa de, al menos, un año.
  ↻ No puede haber solicitado otra excedencia durante los últimos cuatro años.
  ↻ En el momento de reincorporarse, si desea volver a la empresa, debe avisar con una antelación mínima de un mes.

Este tipo de excedencia no garantiza la reincorporación al mismo puesto de trabajo, pero sí un trato preferente. La persona trabajadora, una vez avisado su deseo de reingreso, se reincorporará cuando exista un puesto de trabajo similar al que realizaba o también se le puede asignar otro puesto.
➲ **Excedencia por cuidado de hijos/hijas:** es un tipo de excedencia voluntaria, pero con una especial protección. Tiene una duración máxima de tres años por hijo o hija. Los requisitos para solicitarla son:

  ↻ Tener un hijo o hija menor de 3 años.
  ↻ No se exige ningún tipo de antigüedad en la empresa para solicitarla.
  ↻ Se puede solicitar una nueva excedencia de este tipo con otro hijo o hija, pero debe suspenderse la primera excedencia o esperar a que finalice.

Existe una reserva del mismo puesto de trabajo durante el primer año; a partir del segundo, la reserva es de un puesto de trabajo del mismo grupo profesional o categoría equivalente. En casos de familia numerosa general, la reserva duraría 15 meses, y en casos de familia numerosa especial, 18 meses.

El tiempo de esta excedencia será computable a efectos de antigüedad en la empresa, así como una situación asimilada de alta para ciertas prestaciones como, por ejemplo, la jubilación.

- **Excedencia por cuidado de familiares:** es un tipo de excedencia voluntaria, pero también con una especial protección. Tiene una duración máxima de dos años. Su fin es poder atender al cuidado del cónyuge o pareja de hecho, o de familiares hasta el segundo grado de consanguineidad o afinidad, que no pueden desenvolverse de forma autónoma (edad, accidente, enfermedad y/o discapacidad). Los requisitos para solicitarla son:

  - La persona trabajadora debe tener una antigüedad en la empresa de, al menos, un año.
  - Acreditar la situación familiar (informes médicos, libro de familia, etc.).

Existe una reserva del mismo puesto de trabajo durante el primer año, pero en el segundo la reserva es de un puesto de trabajo del mismo grupo profesional o categoría equivalente. En casos de familia numerosa general, la reserva duraría 15 meses, y en casos de familia numerosa especial, 18 meses.

- **Excedencia pactada:** es aquella que se pacta entre ambas partes: empresa y persona trabajadora. El pacto deberá formalizarse por escrito, estableciéndose de forma clara las condiciones y características de la suspensión temporal de la relación laboral.
- **Excedencia forzosa:** es aquella que se produce cuando la persona trabajadora ha de ocupar un cargo público. No existe un límite de duración para este tipo de excedencia, y durará el tiempo que la persona ocupe el cargo público en cuestión. La reserva del puesto de trabajo está garantizada y la persona trabajadora deberá avisar de su reincorporación con un mes de antelación.

 **NOTA**

Es importante recordar que los convenios colectivos deben respetar lo marcado en el Estatuto de los Trabajadores, en todos los supuestos, pero pueden mejorar las condiciones de cualquier derecho o circunstancia laboral.

Continúa en página siguiente >>

<< Viene de página anterior

Ejemplos: vacaciones, permisos retribuidos o permisos no retribuidos, entre otros.

Las personas trabajadoras deben conocer los pros y los contras de cada tipología de excedencia, para así poder valorar cuál interesa más en cada caso.

 TAREA 2

Juan trabaja en una asesoría y gestoría laboral. Entre las personas que atiende, se encuentra Violeta, una mujer que demanda información sobre la posibilidad de solicitar una excedencia para cuidar a su hijo que está a punto de cumplir dos años.

¿Qué tipo de excedencia puede solicitar Violeta?

Reducción de jornada por cuidado de hijos/hijas

La reducción de jornada por cuidado de hijos o hijas, además de otras circunstancias familiares, viene recogida en el artículo 37 del Estatuto de los Trabajadores.

Se permite reducir la jornada de trabajo, con una disminución proporcional de salario, a quien tenga a su cuidado a los siguientes grupos de personas, salvo que estos desarrollen una actividad retribuida:

- Menores de 12 años.
- Personas con discapacidad.
- Familiares hasta el segundo grado de consanguinidad o afinidad que, por razones de edad, accidente o enfermedad, no dispongan de la autonomía suficiente.
- Menores de 18 años hospitalizados o en tratamiento de cáncer u otra enfermedad grave.

SABÍAS QUE...

Los grados de consanguinidad o afinidad se refieren a estas relaciones familiares, según la vinculación con personas de la misma familia (consanguinidad) o por la vinculación legal, tras la unión como matrimonio o pareja de hecho (afinidad):

- Primer grado: padre, madre, hijo, hija, cónyuge, suegro, suegra, yerno, nuera, etc.
- Segundo grado: hermano, hermana, abuelo, abuela, nieto, nieta, cuñado, cuñada, etc.
- Tercer grado: bisabuelo, bisabuela, tío, tía, sobrino, sobrina, etc.
- Cuarto grado: primo, prima, tío abuelo, tía abuela, sobrino nieto, sobrina nieta, etc.

La reducción se puede solicitar con un porcentaje **entre una octava parte y la mitad de la jornada** diaria, salvo en casos de menores con cáncer u otras enfermedades graves, en cuyo caso será un mínimo de la mitad de jornada. La persona solicitante no debe acreditar una antigüedad mínima en la empresa.

 ACTIVIDAD 1

Sara trabaja en una empresa de conservas a jornada completa, 40 horas semanales según su convenio colectivo de aplicación. Tiene un hijo de 2 años y está pensando solicitar una reducción de jornada. ¿Qué reducción de jornada mínima puede solicitar?

La jornada se puede **reducir de forma proporcional** a los días trabajados, es decir, no se pueden acumular las horas reducidas en una única jornada de trabajo.

La reducción de jornada se puede prorrogar tantas veces como se necesite, siempre que se cumpla el requisito de tener que cuidar a una persona de los supuestos establecidos en la legislación.

SABÍAS QUE...

Tanto en una excedencia por cuidado de hijos o hijas como en una reducción de jornada por cuidado de familiares, la persona trabajadora no podrá ser despedida, como norma general, puesto que se consideraría un despido nulo, ya que vulnera un derecho básico recogido en las leyes.

Los nuevos permisos de 2023

El **Real Decreto-ley 5/2023, de 28 de junio,** entre otras medidas, estableció una normativa específica sobre conciliación de la vida familiar y la vida profesional de las personas progenitoras y cuidadoras, adaptándose así a la normativa europea.

Tras la publicación de este R. D.-ley, se han conseguido avances importantes:

- Reforzar el derecho a la conciliación de todas las personas trabajadoras.
- Crear un nuevo permiso parental.
- Ampliar determinados permisos retribuidos.
- Potenciar el derecho a la adaptación de jornada en determinados supuestos, como, por ejemplo, el cuidado de hijos e hijas o de personas con discapacidad.
- Se equipara en derechos a las parejas de hecho con las personas vinculadas mediante el matrimonio.

Los permisos de nueva creación o mejorados son:

- **Permiso retribuido por matrimonio y registro de pareja de hecho:** toda persona, como mínimo, tendrá derecho a 15 días naturales de permiso retribuido en caso de matrimonio o registro de pareja de hecho. Antes del R. D., el derecho únicamente estaba garantizado en casos de matrimonio, salvo que el convenio colectivo ampliara el derecho a las parejas de hecho.
- **Permiso retribuido por accidente o enfermedad graves, hospitalización o intervención quirúrgica sin hospitalización que precise reposo domiciliario:** el permiso ya existía antes de esta reforma, pero se amplía a cinco días, a casos sin hospitalización, pero con reposo domiciliario, y en los siguientes supuestos: cónyuge, pareja de hecho y/o parientes hasta el segundo grado por consanguinidad o afinidad, familiares consanguí-

neos de la pareja de hecho, así como cualquier otra persona diferente de las mencionadas, pero que conviva con la persona trabajadora en el mismo domicilio y que requiera el cuidado efectivo de la misma.

⮑ **Permiso retribuido por fallecimiento:** toda persona trabajadora tendrá derecho a dos días por el fallecimiento del cónyuge, pareja de hecho o parientes hasta el segundo grado de consanguinidad o afinidad. Si, por esta cuestión, la persona trabajadora necesita hacer un desplazamiento, el plazo se ampliará en dos días más. Igual que el anterior permiso, este permiso ya existía, pero mejoró tras la publicación de esta normativa.

⮑ **Permiso retribuido por causas de fuerza mayor:** las personas trabajadoras podrán utilizar este permiso por horas, pudiendo alcanzar los cuatro días al año por causas de fuerza mayor. Se ha creado con el fin de atender a situaciones de urgencia familiar o de las personas convivientes, siempre que sea algo puntual y justificable. Es, como los anteriores, un permiso retribuido.

⮑ **Permiso parental de 8 semanas:** este permiso no será retribuido y tendrá una duración máxima de 8 semanas. Podrá solicitarse de forma continua o discontinua, por periodos mínimos de una semana, desde que el niño o niña cumpla 1 año y hasta los 8. Podrá disfrutarse a tiempo completo o en régimen de jornada a tiempo parcial, y constituye un derecho individual de las personas trabajadoras, por lo que no puede transferirse su ejercicio entre progenitores. La persona trabajadora deberá especificar la fecha de inicio y fin del permiso, debiendo comunicarlo a la empresa con una antelación mínima de 10 días, salvo causas de fuerza mayor.

Otros permisos laborales

Además de los permisos, retribuidos y no retribuidos, que hemos analizado, existen otros, recogidos en el **Estatuto de los Trabajadores,** que también facilitan la conciliación de la vida personal, familiar y laboral.

Veamos estos permisos a continuación.

Por mudanza

Se estable un permiso retribuido de un día por traslado del **domicilio habitual.**

Deber inexcusable de carácter público y personal

Las personas trabajadoras podrán solicitar este permiso, por el tiempo indispensable, para el cumplimiento de un deber inexcusable de carácter público y personal, incluido el **ejercicio del sufragio activo.**

Funciones sindicales

Las personas trabajadoras podrán solicitar permiso para realizar funciones sindicales o de representación del personal en los términos establecidos legal o convencionalmente.

Exámenes prenatales y técnicas de preparación al parto

Se podrá solicitar este permiso por el tiempo indispensable para la realización de exámenes prenatales y técnicas de preparación al parto y, en los casos de adopción, guarda con fines de adopción o acogimiento, para la asistencia a las sesiones de información y preparación y para la realización de los informes psicológicos y sociales necesarios.

Donación de órganos

Se podrá solicitar este permiso por el tiempo indispensable para la realización de los actos preparatorios de la donación de órganos o tejidos, siempre que coincida en tiempo con la jornada de trabajo.

El permiso climático

Tras la catástrofe climatológica ocurrida en Valencia en 2024, el Estatuto ha incluido este nuevo permiso. Las personas trabajadoras podrán ausentarse **hasta cuatro días** de su puesto de trabajo por la imposibilidad de acceder al mismo o transitar por las vías de circulación necesarias para llegar. También se incluyen aquellas situaciones en las que las recomendaciones de las autoridades incluyan limitaciones o prohibiciones ante una situación de riesgo grave o inminente.

Si la naturaleza de la **relación laboral** es compatible con el **trabajo a distancia** y el estado de las redes de comunicación permite su correcto desarrollo, la empresa podrá establecerlo.

El nuevo permiso, de hasta cuatro días, que facilita la ausencia al puesto de trabajo ante situaciones de emergencia o catástrofe.

Supuestos especiales

Las personas trabajadoras que tengan la consideración de víctimas de violencia de género, de violencia sexual o de víctimas del terrorismo tendrán, entre otros, los siguientes derechos:

- Hacer efectiva su protección o su derecho a la asistencia social integral.
- Reducción de la jornada de trabajo con disminución proporcional del salario.
- Reordenación del tiempo de trabajo: adaptación horaria, aplicación del horario flexible u otras formas organizativas que estén implantadas en la empresa.
- Derecho a realizar su trabajo total o parcialmente a distancia.
- Derecho a la movilidad geográfica.
- Derecho a la extinción del contrato de trabajo, con derecho a solicitar la prestación por desempleo.

 PARA SABER MÁS

Según el artículo 21 de la Ley Orgánica 1/2004, de 28 de diciembre, de Medidas de Protección Integral contra la Violencia de Género, las mujeres trabajadoras

Continúa en página siguiente >>

<< Viene de página anterior

víctimas de esta lacra social tienen unos derechos concretos, tanto si trabajan por cuenta propia como si lo hacen por cuenta ajena. ¿Quieres conocerlos? Accede desde aquí.

https://redirectoronline.com/1403020104

Las vacaciones

Sin duda, las vacaciones son un derecho y una herramienta eficaz para dignificar la vida personal de las personas trabajadoras, así como mejorar los procesos de conciliación.

El **Estatuto de los Trabajadores,** sobre las mismas, dice así:

> *El periodo de vacaciones anuales retribuidas **no será sustituible** por compensación económica y será el **pactado en el convenio colectivo** o en el contrato individual. En ningún caso la duración será inferior a **treinta días naturales.***

 **DEFINICIÓN**

Convenio colectivo

Es un acuerdo normativo y vinculante, acorde con la Constitución y el Estatuto de los Trabajadores, entre los representantes de las personas trabajadoras (los sindicatos) y las empresas (la patronal).

Los convenios colectivos, entre otras cuestiones, regulan las condiciones de trabajo, las relaciones laborales, la política de prevención de riesgos laborales, los derechos de promoción y formación profesionales, los grupos profesionales, los salarios y los pluses asociados, las vacaciones o los días de asuntos propios.

Los periodos de disfrute de las vacaciones serán **fijados en común acuerdo** entre las dos partes: las personas trabajadoras y la empresa, de conformidad con lo establecido en el convenio colectivo de aplicación.

El **calendario de vacaciones** se fijará en cada empresa o centro de trabajo. La persona trabajadora conocerá las fechas que le correspondan dos meses antes, al menos, del comienzo del disfrute de las mismas.

Además de las vacaciones, muchos convenios colectivos establecen el disfrute de algunos **días de asuntos propios,** asuntos particulares o asuntos personales. El Estatuto de los Trabajadores no marca un mínimo con respecto a este asunto, ya que es una mejora de determinados convenios.

 EJEMPLO

El V Convenio colectivo de reforma juvenil y protección de menores, en su artículo 81, sobre licencias retribuidas, establece el derecho a dos días laborables de asuntos propios a lo largo del año natural. A estos dos días se adicionará uno más cuando la persona trabajadora alcance una antigüedad en la entidad o empresa mayor a cinco años.

El teletrabajo

Con respecto al teletrabajo, se utilizan varios términos sinónimos, pero con matices: **teletrabajo, trabajo a distancia, trabajo remoto** o **trabajo desde casa.** Sin duda, tras la pandemia de la COVID-19 en el año 2020, el teletrabajo se ha ido extendiendo, en mayor o menor medida, por lo que se han desarrollado normas jurídicas al respecto.

 DEFINICIÓN

Teletrabajo
Es el trabajo realizado, desde un lugar fuera de la empresa u organización, utilizando las nuevas tecnologías de la información y de la comunicación para cumplir con las tareas laborales asignadas.

El teletrabajo es una importante **herramienta de conciliación,** ya que, entre otras cuestiones, elimina una parte importante del tiempo dedicado a los desplazamientos, especialmente en las grandes ciudades.

Las ventajas y retos que tiene el teletrabajo o trabajo remoto son:

Ventajas:

- Ahorro de tiempo en los desplazamientos.
- Ahorro de dinero en los desplazamientos, por parte de la persona trabajadora, y en la logística e instalaciones, por parte de la empresa.
- Atracción y retención del talento. Las personas trabajadoras se quedarán en las empresas con mejores condiciones económicas y de flexibilidad.
- Mayor conciliación de la vida personal, laboral y familiar.
- Mayor productividad.
- Las personas trabajadoras estarán más satisfechas. Mejora del salario emocional (de todo aquello que va más allá de lo económico) y del salario real (especialmente por el ahorro de desplazamientos).
- Respeto por el medioambiente.

Retos:

- Dificultad, por parte de las personas trabajadoras, de separar la vida personal, familiar y laboral. Problemas de desconexión.
- Pérdida de las relaciones laborales presenciales.
- Cambio en la cultura organizacional.
- Dificultad, en algunas ocasiones, a la hora de priorizar tareas.
- Aparición de distractores.
- Posibles dificultades en los procesos de comunicación y cohesión grupal.

Según el **Estatuto de los Trabajadores,** en su artículo 13, las personas trabajadoras podrán prestar trabajo a distancia en los términos previstos en la Ley 10/2021, de 9 de julio, de trabajo a distancia.

El artículo 2 de la ley sobre el trabajo a distancia establece los siguientes conceptos:

- **Trabajo a distancia:** "Forma de organización del trabajo o de realización de la actividad laboral conforme a la cual esta se presta en el domicilio de la persona trabajadora o en el lugar elegido por esta, durante toda su jornada o parte de ella, con carácter regular". Las personas cuando trabajan a distancia, particularmente en formato de teletrabajo, tienen derecho a la **desconexión digital** fuera de su horario de trabajo según lo establecido en el artículo 88 de la Ley Orgánica 3/2018, de 5 de diciembre.

⮑ **Teletrabajo:** "Aquel trabajo a distancia que se lleva a cabo mediante el uso exclusivo o prevalente de medios y sistemas informáticos, telemáticos y de telecomunicación".

El teletrabajo, como nueva forma de organización laboral, ha venido para quedarse, de forma parcial o total.

⮑ **Trabajo presencial:** "Aquel trabajo que se presta en el centro de trabajo o en el lugar determinado por la empresa". El **artículo 7** regula el **contenido mínimo** del acuerdo de trabajo a distancia entre la persona trabajadora y la empresa:

  ◑ Inventario de los medios, equipos y herramientas necesarios para el desarrollo de la actividad laboral a distancia.
  ◑ Enumeración de los gastos que pueda tener la persona trabajadora por el trabajo desarrollado.
  ◑ Forma de compensación de los gastos generados en la persona trabajadora.
  ◑ Horario de trabajo.
  ◑ Reglas de disponibilidad de la persona trabajadora.
  ◑ Lugar de trabajo a distancia determinado por la persona trabajadora.
  ◑ Lugar de trabajo presencial (centro de trabajo de la empresa).
  ◑ Medios de control empresarial sobre la actividad de trabajo a distancia.
  ◑ Duración del acuerdo de trabajo a distancia.

 **PARA SABER MÁS**

Puedes acceder a la Ley 10/2021, de 9 de julio, de trabajo a distancia desde aquí.

https://redirectoronline.com/1403020105

 ACTIVIDAD COMPLEMENTARIA

2. Reflexiona y contesta a las siguientes cuestiones.
   El teletrabajo, el trabajo a distancia y otras formas de trabajo híbrido, tras la pandemia del año 2020, han venido para quedarse. Evidentemente, estas nuevas formas de organización de la actividad laboral tienen sus pros y sus contras, pero sin duda suponen una gran medida de flexibilidad laboral y conciliación de la vida personal, familiar y laboral.

   · ¿Qué pros y qué contras, a rasgos generales, tiene el teletrabajo u otras formas de trabajo híbrido?
   · ¿Crees que el teletrabajo u otras formas de trabajo híbrido favorecen la igualdad de oportunidades entre hombres y mujeres? ¿Por qué?

Los factores de riesgo que tiene el teletrabajo y/o trabajo a distancia para las personas trabajadoras son:

➲ **Tiempo dedicado:** es importante que la persona sea disciplinada para cumplir con el horario marcado en su jornada de trabajo, puesto que se puede alargar, antes o después de su inicio y fin, o pueden realizarse tareas en horarios poco habituales (por la noche o un domingo).

➲ **Autonomía:** la persona trabajadora debe organizarse y planificarse de una forma eficaz y autónoma, siguiendo lo marcado por la empresa, para así no caer en sensación multitarea o tener dificultades a la hora de centrarse en cada tarea.

⊃ **Carga de trabajo:**

◑ Puede existir una ausencia de un entorno colaborativo o equipo de trabajo para seguir pautas de forma concreta.

◑ Es importante cuidar la comunicación con el resto de personas del equipo de trabajo y las personas coordinadoras.

◑ Aparece más fácilmente la sensación de urgencia a la hora de responder correos o tareas.

◑ Pueden aumentar los problemas técnicos o relacionados con las comunicaciones telemáticas.

⊃ **Demandas emocionales:** puede aparecer ansiedad por trabajar de una forma más autónoma o independiente, puesto que la persona pierde, en cierta forma, la relación o vinculación con un grupo importante, compañeros y compañeras de trabajo. La ansiedad también puede surgir por una sobrecarga de información, datos u horas delante del ordenador.

4. Marco legal autonómico

☞ HILO CONDUCTOR

Además de las principales medidas de conciliación de la vida personal, laboral y familiar, como Jimena desarrolla su labor profesional en Andalucía, también incluye algunas intervenciones concretas a nivel autonómico como, por ejemplo, el Plan Corresponsables.

Las medidas y acciones concretas más importantes para hacer reales los procesos de conciliación de la vida personal, laboral y familiar vienen marcadas por la normativa a nivel estatal, como ya hemos visto, destacando especialmente la ley de igualdad y el Estatuto de los Trabajadores, además de varios reales decretos que van introduciendo mejoras, cambios y modificaciones. No obstante, cada comunidad autónoma puede diseñar o poner en marcha determinadas medidas concretas de este tipo.

✎ IMPORTANTE

España es un país descentralizado y muchas competencias recaen en las comunidades autónomas (CC. AA.). Se organiza en torno a 17 comunidades autónomas y 2 ciudades autónomas.

La Constitución española de 1978, en su artículo 137, dice así: "El Estado se organiza territorialmente en municipios, en provincias y en las Comunidades Autónomas que se constituyan. Todas estas entidades gozan de autonomía para la gestión de sus respectivos intereses".

Las CC. AA. tienen competencias, a rasgos generales, en sanidad, educación, cultura y ordenación del territorio. No obstante, la legislación laboral es competencia del Estado, de ahí que las principales medidas de conciliación vengan determinadas por el Estatuto de los Trabajadores y sus modificaciones. Aun así, cada comunidad autónoma, en el marco de sus competencias, desarrolla medidas concretas en favor de la conciliación.

Veamos algunos ejemplos, a nivel autonómico, para fomentar la conciliación de la vida personal, laboral y familiar.

4.1. Plan Corresponsables en Andalucía

El Plan Corresponsables es una iniciativa impulsada por el Ministerio de Igualdad. Su objetivo es garantizar el cuidado como un derecho desde la óptica de la igualdad entre hombres y mujeres.

En Andalucía, este plan lo desarrolla la Consejería de Inclusión Social, Juventud, Familias e Igualdad y la Consejería de Salud y Consumo. A través de él, se articulan medidas de apoyo específico para dar respuesta a las necesidades de las familias con niños, niñas y adolescentes hasta los 16 años.

Los ejes de actuación del Plan Corresponsables en Andalucía son: creación de empleo, dignificación y reconocimiento de la experiencia profesional de cuidados y sensibilización en materia de corresponsabilidad.

PARA SABER MÁS

Puedes acceder al Plan Corresponsables desde aquí.

https://redirectoronline.com/1403020105

4.2. Incentivos económicos para fomentar el teletrabajo y la flexibilidad horaria en las empresas en la Comunidad de Madrid

Se trata de una línea de subvenciones de la Comunidad de Madrid para potenciar la conciliación de la vida laboral, familiar y personal a través de incentivos económicos para el fomento del teletrabajo y de la flexibilidad horaria.

Las medidas que se pueden subvencionar a las empresas son: formalización de acuerdos de teletrabajo o flexibilidad horaria. Además, cuando haya sido necesaria la compra de equipamiento electrónico para organizar el teletrabajo, se subvencionará el 75 % del coste asumido.

Estas subvenciones van dirigidas a: personas trabajadoras por cuenta propia o pequeñas empresas, así como sociedades civiles con personalidad jurídica de hasta 50 personas trabajadoras y un volumen de negocio y balance general igual o inferior a 10 millones de euros.

PARA SABER MÁS

Puedes consultar estos incentivos y ayudas económicas en el siguiente enlace.

Continúa en página siguiente >>

<< Viene de página anterior

https://redirectoronline.com/1403020110

4.3. Ayudas para la conciliación de la vida familiar y laboral. País Vasco

El País Vasco ofrece diferentes ayudas económicas concretas para fomentar la conciliación de la vida personal, laboral y familiar, dirigidas directamente a las familias. Algunas de estas ayudas son:

- Ayudas a la conciliación de la vida familiar y laboral para la contratación de personas trabajadoras para el cuidado de hijas e hijos menores de 14 años.
- Ayudas a personas trabajadoras monomarentales y monoparentales por excedencia durante el primer año de vida del hijo o hija.
- Ayudas para sustituir a personas trabajadoras acogidas a una excedencia o reducción de jornada de trabajo para el cuidado de hijos e hijas o de familiares en situación de dependencia o en extrema gravedad sanitaria.

 **PARA SABER MÁS**

Puedes consultar estas ayudas económicas en el siguiente enlace.

https://redirectoronline.com/1403020111

5. Igualdad efectiva en el empleo. Conceptos claves: igualdad real, equidad, discriminación, segregación, techo de cristal, etc.

☞ HILO CONDUCTOR

Además del análisis pormenorizado de las medidas de conciliación, para ofrecer una atención integral a las mujeres que acuden a su gestoría, Jimena incluye en su guía una reflexión profunda sobre las dificultades a las que se enfrentan las mujeres en los procesos de incorporación, mantenimiento o ascenso en el ámbito laboral, centrándose en la igualdad efectiva, la igualdad de oportunidades, la discriminación, directa e indirecta, y la segregación, horizontal y vertical.

En este apartado, vamos a reflexionar sobre la igualdad efectiva en el empleo, en torno al análisis de varios conceptos relacionados, como, por ejemplo: igualdad real, igualdad de oportunidades, discriminación, segregación o techo de cristal.

¿Existe realmente la igualdad real, de trato y de oportunidades entre hombres y mujeres, en el ámbito del trabajo?

La igualdad efectiva en el empleo la podemos entender como la aplicación efectiva del principio de igualdad de oportunidades y de trato, entre hombres y mujeres, en el ámbito del trabajo, de forma que no exista discriminación y se disfruten de los mismos derechos, condiciones y oportunidades de crecimiento profesional.

La Ley Orgánica 3/2007, de 22 de marzo, para la igualdad efectiva de mujeres y hombres, se ha convertido en el marco general para las políticas de igualdad en España.

En su artículo 3 se define el principio de igualdad de trato entre mujeres y hombres. El principio de igualdad de trato entre mujeres y hombres supone la ausencia de toda discriminación, directa o indirecta, por razón de sexo, pero, además, y especialmente, se refiere a aquellas discriminaciones derivadas de la maternidad, la asunción de obligaciones familiares y el estado civil.

Antes de ahondar en los conceptos asociados a la igualdad efectiva en el empleo, vamos a repasar algunos conceptos básicos relacionados con la igualdad en general:

- **Sexo:** características biológicas que definen si una persona es hombre o mujer.
- **Género:** construcción social y cultural que hace una sociedad determinada sobre las diferencias biológicas, asignando unos roles, comportamientos y expectativas diferentes a cada persona, por el simple hecho de ser hombre o mujer.
- **Igualdad formal:** hace referencia a la igualdad ante la ley. La legislación en España reconoce la igualdad de los hombres y las mujeres ante la ley.
- **Igualdad real:** según el principio de igualdad entre hombres y mujeres, la igualdad real hace referencia a la igualdad de trato, la igualdad efectiva y la igualdad de oportunidades, de forma que hombres y mujeres tengan los mismos derechos y oportunidades, eliminando los obstáculos que lo dificultan.
- **Equidad:** la equidad defiende que no todas las personas tienen el mismo punto de partida, por lo que habrá que ajustar los apoyos, medidas e intervenciones para que así tengan las mismas oportunidades.
- **Estereotipos de género:** son las características, rasgos y cualidades que la sociedad asigna a cada sexo. Hace referencia a lo que la sociedad espera de los hombres y de las mujeres, por el simple hecho de serlo.

 **EJEMPLO**

El artículo 14 de la Constitución española es un ejemplo de lo que es la igualdad formal:

Continúa en página siguiente >>

<< Viene de página anterior

"Los españoles son iguales ante la ley, sin que pueda prevalecer discriminación alguna por razón de nacimiento, raza, sexo, religión, opinión o cualquier otra condición o circunstancia personal o social".

5.1. La discriminación

La Asamblea General de Naciones Unidas, en diciembre de 1979, definió la discriminación por razón de sexo como "toda distinción, exclusión o restricción basada en el sexo que tenga por objeto o resultado menoscabar o anular el reconocimiento, goce o ejercicio por las mujeres, con independencia de su estado civil, sobre la base de la igualdad del hombre y de la mujer, de los derechos humanos y las libertades fundamentes en las esferas políticas, económicas, sociales, cultural y civil o en cualquier otra esfera".

Por otro lado, la ley de igualdad dice en su artículo 1 que su objeto es hacer efectivo el derecho de igualdad de trato y de oportunidades entre mujeres y hombres, particularmente mediante la eliminación de la discriminación de la mujer, sea cual fuere su circunstancia o condición, en cualquier ámbito de la vida.

 PARA SABER MÁS

La desigualdad de género en el empleo es mucho más preocupante de lo que, a priori, parece, y así lo confirma un informe de las Naciones unidas. Accede desde aquí para verlo.

https://redirectoronline.com/1403020106

La discriminación por razón de sexo se puede clasificar en tres tipologías:

- **Discriminación directa:** el **artículo 6 de la ley de igualdad** hace referencia a aquellas situaciones en las que una persona sea, haya sido o pudiera ser tratada, en atención a su sexo, de manera menos favorable que otra en una situación comparable. Algunos ejemplos concretos de discriminación directa por razón de sexo en el ámbito laboral son:

  - Despido por embarazo.
  - No reconocimiento igualitario de méritos en el desempeño del trabajo.
  - Acoso sexual.
  - Salarios diferentes en el mismo puesto de trabajo y por las mismas funciones.

  La ley establece que el acoso sexual es cualquier comportamiento, verbal o físico, de naturaleza sexual que tenga el propósito o produzca el efecto de atentar contra la dignidad de una persona, más aún cuando se crea en un entorno intimidatorio, degradante u ofensivo.

- **Discriminación indirecta:** el artículo 6 de la ley de igualdad hace referencia a una situación que aparentemente es neutra, pero pone a personas de un sexo en desventaja particular con respecto a personas del otro, a excepción de que dicha disposición, criterio o práctica puedan justificarse de forma objetiva en atención a una finalidad legítima y que los medios para alcanzar dicha finalidad sean necesarios y adecuados. Algunos ejemplos concretos de discriminación indirecta por razón de sexo en el ámbito laboral son:

  - Mayores dificultades para las mujeres para poder conciliar la vida personal, laboral y familiar.
  - Mayores tasas en las mujeres de contrataciones temporales, lo que potencia la precariedad laboral.
  - Mayor presencia de las mujeres en contrataciones a tiempo parcial, lo que también potencia la precariedad laboral.

  La mayoría de las reducciones de jornada son solicitadas por mujeres, al igual que la mayor parte de los contratos temporales o los contratos a jornada parcial. Esto, además de aumentar la precariedad laboral, también hace que las mujeres tengan menor poder adquisitivo que los hombres.

- **Discriminación múltiple:** es un tipo de discriminación habitual en las mujeres, y está especialmente marcada en el ámbito laboral. Se refiere a todos los obstáculos que puede tener una mujer, no solo por ser mujer y los roles tan diferenciados con respecto a los hombres, sino que a este hecho se le suman elementos como la edad, la discapacidad o la orientación sexual, entre otros. Algunas de las mujeres que se pueden enfrentar a situaciones de discriminación múltiple, en el mundo laboral, pueden ser:

- Una mujer soltera con su hija y que, además, tiene una discapacidad física del 52 %.
- Una mujer bisexual y transexual.
- Una mujer que lleva en desempleo más de un año y que acaba de cumplir 57 años.

Ahora, tras la conceptualización de los tipos de discriminación, vamos a hacer una radiografía sobre las particularidades del mercado de trabajo femenino en España. Algunas de estas características ponen de relieve la discriminación indirecta que sufren las mujeres.

Particularidades del mercado de trabajo femenino en España

Mayor tendencia al **empleo por cuenta ajena** que al empleo por cuenta propia. La tasa de emprendimiento es menor en las mujeres que en los hombres.

Escaso porcentaje de mujeres empresarias con personas trabajadoras asalariadas.

Tasa de temporalidad en el empleo: 1,5 puntos superior a la de los hombres.

Predominancia del **sector servicios:** 9 de cada 10 mujeres trabajan en este sector.

Los **sectores feminizados son más precarios:** servicios sociales, atención a personas en situación de dependencia, limpieza, hostelería y comercio.

Poca representación femenina en la agricultura, la industria y la construcción.

La **tasa de paro femenina es mayor** que la masculina en todas las regiones de España, sectores de actividad y grupos de edad.

Mayor tasa de parcialidad en el caso de las mujeres. Son las que tienen más contratos a jornada parcial o reducciones de jornada por cuidado de descendientes u otros familiares.

 ACTIVIDAD 2

Rosa trabaja en una imprenta a jornada completa. Tiene una niña de 4 años y acaba de comunicar a su empresa que está embarazada. Unos días después, Rosa recibió una carta de despido alegando causas organizativas. Ante esta situación, se ha puesto en contacto con un abogado laboralista. ¿Ante qué tipo de discriminación nos encontramos?

- -

5.2. La segregación

Vamos a distinguir dos tipologías de segregación, con respecto al empleo y el género: la segregación horizontal y la segregación vertical.

Segregación horizontal

La segregación horizontal hace referencia a una **alta concentración de mujeres en sectores** que son típicamente feminizados.

¿En qué sectores se concentran las mujeres?

- Sector servicios, en general.
- Educación.
- Atención a personas y cuidados.
- Servicios a la comunidad.
- Comercio.

Socialmente, **los sectores feminizados** son los que están peor vistos, tienen un menor prestigio y están peor pagados.

La atención a personas en situación de dependencia: un sector mayoritariamente femenino y con importantes retos laborales.

Esta tipología de segregación afecta también a las **mujeres que deciden emprender,** que se encuentran con mayores dificultades que los hombres en el desarrollo de su actividad profesional. Las mujeres emprendedoras están concentradas en pequeñas empresas, con menor facturación y personas trabajadoras a su cargo, normalmente centradas en el sector servicios y de cuidados.

PARA SABER MÁS

Según la Encuesta de Población Activa (EPA), del Instituto Nacional de Estadística (INE), sobre el tercer trimestre de 2023, la hostelería, el comercio, la limpieza, la sanidad, la educación o el transporte son los empleos que más copan las mujeres. Para profundizar más, accede desde aquí al siguiente artículo.

https://redirectoronline.com/1403020107

Segregación vertical

La segregación vertical también se conoce como techo de cristal o suelo pegajoso. Hace referencia a la dificultad que presentan las mujeres para acceder a puestos de mayor responsabilidad. La causa principal está relacionada con las responsabilidades en el ámbito familiar y doméstico, además de la maternidad.

Estas actividades relacionadas con el trabajo reproductivo, de cuidado y maternidad suelen ser coincidentes cronológicamente con la etapa de desarrollo profesional.

 VÍDEO

Las causas del techo de cristal son diversas: los estereotipos sociales, la carga de los cuidados o los roles de género, entre otras cuestiones. Es importante conocer historias reales que nos acerquen a la comprensión de esta realidad. Accede desde aquí para conocerlas.

Continúa en página siguiente >>

<< Viene de página anterior

https://redirectoronline.com/1403020108

En el ámbito laboral, una de las principales discriminaciones más habituales que encuentran las mujeres son las **barreras invisibles** que impiden o dificultan la promoción y el acceso a los puestos de dirección y poder.

Hablamos de barreras invisibles, ya que no hay leyes, normas o códigos concretos que se impongan a las mujeres para limitarlas profesionalmente. Se trata de unas "normas" no escritas, que suelen venir derivadas de estereotipos sociales y de género que otorgan ciertas características y roles a hombres y mujeres y lo que se espera de ellos, así como el lugar que supuestamente deben ocupar en el ámbito profesional como en el familiar, personal o social.

Los roles de género son clave en este proceso. En la actualidad, el cuidado del hogar y de la familia son responsabilidades que se siguen atribuyendo a la mujer, mayoritariamente, por ello son las mujeres las que, por lo general, recurren a reducciones de jornada o excedencias para poder así atender a sus familiares dependientes e hijos o hijas.

 EJEMPLO

Según USO, los datos confirman el techo de cristal: cuanta mayor responsabilidad, menos cargos ocupados por mujeres. En España, solo un 2,9 % de las directoras generales o CEO son mujeres. Por ejemplo, en el IBEX 35 el 44,6 % de los puestos no ejecutivos son ocupados por mujeres, mientras que en los puestos ejecutivos solo suponen un 19,1 %.

Según esta realidad, aparecen varias **creencias erróneas e injustas** hacia las mujeres:

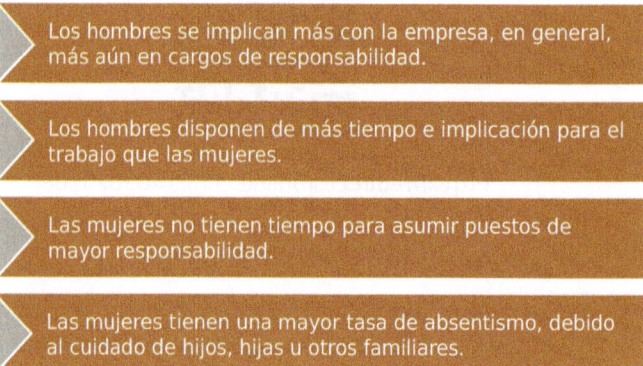

Los hombres se implican más con la empresa, en general, más aún en cargos de responsabilidad.

Los hombres disponen de más tiempo e implicación para el trabajo que las mujeres.

Las mujeres no tienen tiempo para asumir puestos de mayor responsabilidad.

Las mujeres tienen una mayor tasa de absentismo, debido al cuidado de hijos, hijas u otros familiares.

6. Resumen

La conciliación de la vida personal, laboral y familiar debe ser un derecho laboral de todas las personas trabajadoras, según el principio de igualdad de oportunidades entre hombres y mujeres.

La normativa clave a este respecto es de tipo estatal, pero basándose en algunas directrices europeas e internacionales, como, por ejemplo, la Declaración Universal de los Derechos Humanos y la Agenda 2030. Así, la creación del permiso parental es una obligación para los Estados miembro dictada por la UE.

Las principales normas que regulan, en España, las políticas de conciliación son:

La ley de igualdad (2007)

Estatuto de los Trabajadores

Real Decreto-ley 6/2019, de 1 de marzo, de medidas urgentes para garantizar la igualdad de trato y de oportunidades

Según la normativa, las principales medidas, permisos y prestaciones concretas para favorecer la conciliación son:

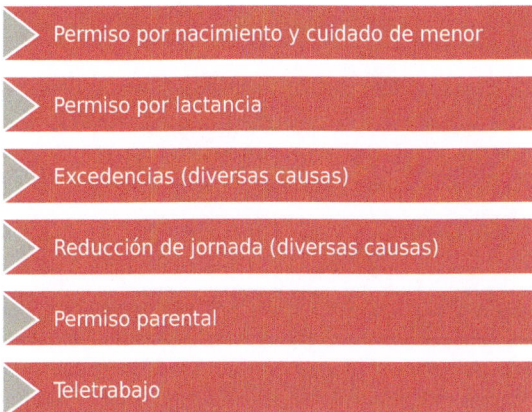

Las políticas de conciliación buscan conseguir la igualdad efectiva en el empleo o la aplicación efectiva del principio de igualdad de oportunidades y de trato entre hombres y mujeres en el ámbito del trabajo, de forma que no exista discriminación y se disfruten de los mismos derechos, condiciones y oportunidades de crecimiento profesional.

La discriminación que sufren las mujeres en el ámbito laboral la podemos clasificar en torno a cuatro conceptos:

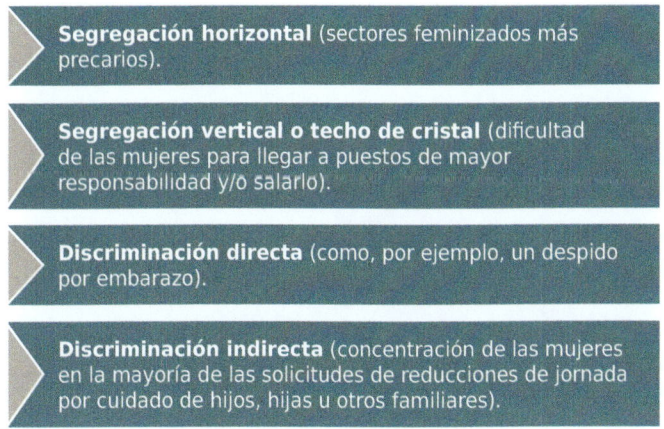

Ejercicios de autoevaluación
Unidad de Aprendizaje 1

1. Determina si la siguiente afirmación es verdadera o falsa: "La Agenda 2030 para el Desarrollo Sostenible plantea 7 Objetivos con 169 metas que abarcan las esferas económica, social y ambiental".

   ■ Verdadero
   ■ Falso

2. Determina si la siguiente afirmación es verdadera o falsa: "El artículo 14 de la Constitución española dice que los españoles son iguales ante la ley, sin que pueda prevalecer discriminación alguna por razón de nacimiento, raza, sexo, religión, opinión o cualquier otra condición o circunstancia personal o social".

   ■ Verdadero
   ■ Falso

3. ¿En qué año se promulgó la ley de igualdad?

   a. 2005
   b. 2006
   c. 2007
   d. 2017

4. ¿Cuánto dura el permiso por nacimiento y cuidado de menor para una persona progenitora no monoparental, si su hijo nació el 15 de agosto de 2025?

   a. 16 semanas
   b. 19 semanas
   c. 22 semanas
   d. 32 semanas

5. La excedencia por cuidado de hijos o hijas se pueden solicitar hasta que el niño o niña cumpla...

    a. ... 5 años.
    b. ... 4 años.
    c. ... 12 años.
    d. ... 3 años.

6. Determina si la siguiente afirmación es verdadera o falsa: "El permiso retribuido por accidente o enfermedad graves, hospitalización o intervención quirúrgica sin hospitalización que precise reposo domiciliario se acaba de ampliar a cuatro días".

    ■ Verdadero
    ■ Falso

7. Indica las opciones correctas. Los factores de riesgo del teletrabajo y/o trabajo a distancia son:

    a. El tiempo dedicado.
    b. La carga de trabajo.
    c. Las demandas emocionales.
    d. El coste económico.

8. ¿Cuál de los siguientes conceptos hace referencia a la igualdad ante la ley?

    a. Igualdad legal.
    b. Igualdad formal.
    c. Igualdad retributiva.
    d. Igualdad efectiva.

9. Relaciona cuáles de las siguientes situaciones suponen una discriminación, directa o indirecta, para las mujeres en el ámbito laboral:

    __ Despido por embarazo.
    __ Acoso sexual.
    __ Mayor temporalidad en la contratación.
    __ Mayor parcialidad en las contrataciones.
    __ No reconocimiento igualitario de méritos en el desempeño del trabajo.

10. Determina si la siguiente afirmación es verdadera o falsa: "El techo de cristal hace referencia a la dificultad que presentan las mujeres para acceder a puestos de mayor responsabilidad. La causa principal está relacionada con las responsabilidades en el ámbito familiar y doméstico, además de la maternidad".

   ■ Verdadero
   ■ Falso

Obstáculos que dificultan e impiden el acceso al mercado laboral

Contenido

Objetivos

→ Los objetivos específicos de esta Unidad de Aprendizaje son:

→ Identificar los factores estructurales que se convierten en obstáculos y dificultan e impiden el acceso al mercado de trabajo.

→ Analizar los factores culturales y sociales que se convierten en obstáculos y dificultan e impiden el acceso al mercado laboral.

→ Reflexionar sobre los estereotipos de género y su influencia en el proceso de acceso, mantenimiento o ascenso dentro del mercado de trabajo.

1. Introducción

La igualdad formal existe y así queda recogida en la Constitución, pero si nos referimos a la igualdad de oportunidades y de trato entre hombres y mujeres, queda mucho por trabajar y por avanzar, desde diferentes ópticas.

Existen una serie de elementos y obstáculos que dificultan la igualdad efectiva en materia de empleo, con referencia a los procesos de incorporación, mantenimiento y ascenso en el contexto del mercado de trabajo.

Los factores estructurales que se suelen convertir en obstáculos para alcanzar esta igualdad efectiva son: la elevada tasa de desempleo de nuestro país; las elevadas cifras de temporalidad y parcialidad en los contratos de trabajo, a pesar de la última reforma laboral; el envejecimiento de la población, junto a una bajísima tasa de natalidad; la predominancia del sector servicios; la concentración de las oportunidades laborales en algunas regiones de España; y la sucesión de varias crisis socioeconómicas en los últimos veinte años.

Además de los factores estructurales, existen otra serie de factores socioculturales que se convierten en importantes obstáculos en materia de empleo, lo que genera situaciones de discriminación para las mujeres.

Estos factores socioculturales están relacionados con el proceso de socialización diferenciada, los estereotipos y los roles de género, las brechas que sufren las mujeres, la división sexual del trabajo, el papel del trabajo productivo en contraposición al trabajo reproductivo y la carga de la doble jornada.

La raíz de muchas de las situaciones de desigualdad se encuentra en los estereotipos de género. Estos estereotipos hacen referencia a las creencias o las expectativas que asigna cada sociedad o grupo social a los hombres y las mujeres, por el simple hecho de serlo. Debido a estas creencias o expectativas, se vinculan determinados comportamientos, actitudes, normas o valores.

Para ello, nos seguiremos basando en el caso de Jimena, graduada en Relaciones Laborales y Recursos Humanos, que está realizando un estudio, en el marco de su trabajo en la gestoría, encargado por una empresa externa, sobre las dificultades u obstáculos a los que se enfrentan las mujeres en el proceso de incorporación, mantenimiento y ascenso en el mercado de trabajo.

2. Factores estructurales

HILO CONDUCTOR

Jimena parte de la base contrastada de que las mujeres se encuentran con muchos más obstáculos que los hombres en el mercado de trabajo. En un primer momento, sin hacer referencia concreta al género, realiza un análisis sobre los factores estructurales que generan obstáculos y dificultades a la hora de conseguir la igualdad efectiva entre hombres y mujeres en materia de empleo.

Vamos a analizar y tomar conciencia sobre **los elementos y obstáculos** que dificultan la igualdad efectiva en materia de empleo, refiriéndonos a los procesos de **incorporación, mantenimiento y ascenso** dentro del mercado de trabajo.

En primer lugar, analizaremos **los factores estructurales** que, en gran cantidad de ocasiones, se vuelven barreras para lograr la esperada igualdad de oportunidades y de trabajo entre hombres y mujeres.

DEFINICIÓN

Factores estructurales
Hacen referencia a aquellos elementos o cuestiones que se vuelven sistémicos y globales, afectando a gran cantidad de personas, y continuos y persistentes, manteniéndose en el tiempo y formando parte de las características de un sistema u organización concreta.

A continuación, detallamos cada uno de los factores estructurales.

2.1. Tasa de desempleo

España, a pesar de haber reducido el desempleo en los últimos años, presenta una de las tasas más altas de toda la Unión Europea, junto a países como Portugal y Grecia.

SABÍAS QUE...

Según datos del INE, la tasa de desempleo en julio de 2025 era del 10,4 %, un 9,3 % en el caso de los hombres y un 11,6 % en el caso de las mujeres. El desempleo femenino es 2,3 puntos superior al masculino, sin duda, un factor estructural que muestra desigualdad de oportunidades.

2.2. Temporalidad y parcialidad

El Real Decreto-ley 32/2021, de 28 de diciembre, de medidas urgentes para la reforma laboral, la garantía de la estabilidad en el empleo y la transformación del mercado de trabajo introdujo medidas importantes y concretas, entre las que destacan la eliminación del contrato por obra y servicio y la generalización del contrato indefinido. A pesar de ello, en la mayoría de los casos, la temporalidad y la parcialidad tienen nombre de mujer. Ellas solicitan más reducciones de jornada, aunque tengan contrato a jornada completa, y también suelen buscar más contrataciones a jornada parcial para poder conciliar.

SABÍAS QUE...

La tasa de temporalidad en España, a finales de 2024, era del 13,4 %. En cuanto a la parcialidad, según el INE, en el lustro 2019-2024, teniendo en cuenta el porcentaje de hombres a tiempo parcial sobre el empleo total (de todas las personas trabajadoras) esta disminuye de 3,8 % en 2019 a 3,6 % en 2024. El dato de mujeres sobre el empleo total desciende de 10,9 % a 9,9 % en 2024 (representando 13,6 % en la UE). Es decir, la tasa de parcialidad es mayor en España que en el resto de la UE y esta tasa, en el caso de las mujeres, triplica a la de los hombres.

 **PARA SABER MÁS**

Puedes acceder al Real Decreto-ley 32/2021, de 28 de diciembre, de medidas urgentes para la reforma laboral, la garantía de la estabilidad en el empleo y la transformación del mercado de trabajo desde aquí.

https://redirectoronline.com/1403020202

2.3. Envejecimiento de la población

España es uno de los países del mundo con una mayor tasa de natalidad y, al mismo tiempo, con una mayor esperanza de vida, lo que se traduce en una población cada vez más envejecida. Debido a esto, disminuye la población activa y son necesarias políticas relacionadas con la necesidad de mano de obra extranjera y con el aumento de la natalidad.

La población activa se refiere a todas las personas mayores de 16 años que se encuentran trabajando o en disposición y condiciones normalizadas para poder trabajar. La población activa está configurada por la población ocupada y la población desempleada. La población ocupada es aquella que se encuentra trabajando, por cuenta ajena o por cuenta propia, y la población desempleada es aquella que desea trabajar y se halla buscando un empleo e inscrita en el servicio público de empleo correspondiente.

La población inactiva hace referencia a todas las personas mayores de 16 años que no se encuentran categorizadas como ocupadas ni como desempleadas. Nos referimos a estudiantes, personas jubiladas, personas con alguna incapacidad para trabajar, personas que se ocupan de su hogar, etc.

2.4. Predominancia del sector servicios

En España, el sector económico que genera más puestos de trabajo, en general y en especial en el caso de las mujeres, es el sector servicios.

Según datos del INE, el porcentaje de personas trabajadoras por sector económico es aproximadamente:

- Agricultura: 4 %
- Industria: 13 %
- Construcción: 6 %
- Servicios: 77 %

El sector servicios, también conocido como sector terciario, incluye todas aquellas actividades económicas que no producen bienes materiales, sino servicios. Ejemplos: hostelería, comercio, limpieza, sanidad, educación, transporte, turismo o servicios financieros, entre otros.

2.5. Concentración de oportunidades laborales

Existen importantes diferencias regionales dentro de España, concentrándose las principales oportunidades laborales en Cataluña, Madrid y el País Vasco. En contraposición, las mayores tasas de desempleo se encuentran en Extremadura, Andalucía, Ceuta, Melilla y Murcia.

2.6. Sucesión de crisis socioeconómicas

El mercado de trabajo ha arrastrado, desde hace 17 años, importantes crisis socioeconómicas:

- La crisis de las hipotecas de 2008.
- La pandemia de la COVID-19 del año 2020.
- La escalada de la inflación y la guerra de Ucrania en 2022 y 2023.

Toda esta situación ha provocado inestabilidad, precarización, temporalidad y que no se actualicen los salarios al nivel de vida actual.

2.7. Otras particularidades

Además de los factores estructurales, es importante tener presentes **otras características o particularidades** del mercado de trabajo en España:

> Alta tasa de desempleo, en general, pero también elevada tasa de desempleo juvenil y de desempleo de larga duración.

> El fenómeno de la globalización y la internacionalización de las empresas ha aumentado los movimientos de las personas trabajadoras entre los diferentes países de la Unión Europea.

> Disminución, en los últimos treinta años, de la importancia y papel del sector agrario en la economía y en el empleo.

> Aparición de nuevos empleos relacionados con las nuevas tecnologías de la información y la comunicación, como, por ejemplo, analista de ciberseguridad o personal encargado de entrenar la inteligencia artificial. En contraposición, muchas tareas productivas se han mecanizado, destruyéndose o modificándose algunos puestos de trabajo.

> Desde la pandemia de la COVID-19, aumento progresivo del teletrabajo, trabajo a distancia u otras formas de trabajo híbrido.

 **DEFINICIÓN**

Globalización
Proceso por el que las economías y mercados, con el desarrollo de las tecnologías de la comunicación, adquieren una dimensión mundial, de modo que dependen cada vez más de los mercados externos y menos de la acción reguladora de los Gobiernos.

SABÍAS QUE...

El desempleo de larga duración hace referencia a aquellas personas que llevan más de 365 días en situación legal de desempleo, inscritas correctamente en el servicio público de empleo de su comunidad autónoma o ciudad autónoma.

Según datos del INE, del periodo 2019-2024, el 35,8 % de las mujeres y el 30,5 % de los hombres, de 15 a 64 años, son personas desempleadas de larga duración en España en 2024, frente al 32,6 % y al 32,2 %, respectivamente, de la UE. Una vez más, se observa como la tasa femenina supera, en España, a la masculina en más de cinco puntos porcentuales.

El teletrabajo u otras formas de trabajo híbrido, tras la pandemia de la COVID-19, han venido para quedarse.

 TAREA 3

Rosa y Antonio son una pareja de alrededor de cuarenta años que no encuentran trabajo. Acuden a una cita con una orientadora laboral y, tras la acogida y detección de necesidades, la orientadora quiere trabajar con ambos un proceso de identificación de aquellos factores estructurales que se pueden convertir en obstáculos en el proceso de búsqueda activa de empleo. ¿Qué factores debe tener en cuenta la orientadora para llevar a cabo este proceso de intervención?

3. Factores culturales y sociales

HILO CONDUCTOR

Una vez realizado el análisis sobre los factores estructurales que generan obstáculos y dificultades a la hora de conseguir la igualdad efectiva entre hombres y mujeres, en materia de empleo, Jimena se centra en aquellos factores socioculturales, desde una perspectiva de género, que causan esas situaciones de discriminación hacia las mujeres.

Se centra en algunos aspectos clave: estereotipos de roles de género, división sexual del trabajo, trabajo reproductivo, doble jornada o proceso de socialización diferenciada, entre otros.

Una vez analizados los factores estructurales que se pueden convertir en obstáculos para lograr la igualdad efectiva entre hombres y mujeres, en el ámbito del empleo, vamos a reflexionar y tomar conciencia sobre aquellos **factores culturales y sociales,** especialmente aquellos relacionados **con el género,** que se convierten en **importantes obstáculos,** con respecto a la igualdad de oportunidades, en los procesos de incorporación, mantenimiento y ascenso dentro del mercado de trabajo.

RECUERDA

La igualdad formal, o ante la ley, existe y viene recogida en la Constitución de 1978, pero hay que desarrollar políticas y acciones concretas para alcanzar la igualdad de oportunidades, además de luchar en contra de las discriminaciones o segregaciones que sufren las mujeres: discriminación directa, como, por ejemplo, un despido por embarazo; discriminación indirecta, como mayor tasa de parcialidad o temporalidad en el empleo o las barreras invisibles que existen para alcanzar puestos de responsabilidad, el conocido como "techo de cristal".

Los factores socioculturales están relacionados con el proceso de socialización o adquisición de normas y valores, en cualquier grupo social o cultural.

Estos condicionantes influyen en las expectativas, creencias, comportamientos u oportunidades de las personas dentro de su grupo de referencia.

Estos factores socioculturales pueden estar relacionados con:

Edad

Género

Orientación o identidad sexual

Discapacidad

Raza o etnia

Religión o procedencia cultural

 **EJEMPLO**

Algunos ejemplos concretos o ideas preconcebidas de cómo los factores socioculturales influyen en el ámbito laboral son:

"Las personas mayores de 55 años no tienen la flexibilidad necesaria para adaptarse a puestos de trabajo muy cambiantes o tecnológicos". (Edadismo y estereotipos en torno a la edad).

"Las mujeres no suelen aceptar puestos de mayor responsabilidad, ya que han de encargarse del cuidado de sus hijos, hijas u otros familiares dependientes". (Sexismo y estereotipos de género). "Las personas con discapacidad están más tiempo de baja médica que trabajando". (Discriminación y estereotipos en torno a la discapacidad).

Una vez realizada esta introducción, nos centraremos en aquellos factores socioculturales **relacionados directamente con el género.** Para ello, vamos a analizar diferentes conceptos y determinantes, todos relacionados entre sí.

3.1. Socialización diferenciada

La socialización diferenciada hace referencia a los mensajes, implícitos y explícitos, que cada grupo social envía a los hombres y a las mujeres sobre cómo deben ser, con respecto a roles, estereotipos, procesos educativos y procesos relacionados con la utilización del lenguaje. En definitiva, es una forma de tratar a las personas, de forma diferenciada, según su sexo.

Comienza desde la primera infancia, incluso antes de nacer, y continúa en todas las etapas de la vida, a través de la familia, el grupo de iguales, el contexto laboral, los medios de comunicación o las redes sociales.

 **EJEMPLO**

A los niños, desde muy pequeños, se les invita a ser fuertes y competitivos, mientras que a las niñas se les inculca el valor del cuidado o la sensibilidad. Desde ahí, se construyen y refuerzan los roles y estereotipos de género.

3.2. Roles de género

Son las normas, visibles e invisibles, los valores, los comportamientos o las actitudes que la sociedad atribuye a cada persona en función de su sexo. Es el resultado del proceso de socialización diferenciada.

 **EJEMPLO**

En la vida adulta, la sociedad espera que un hombre sea camionero o ingeniero, mientras que espera que una mujer sea maestra, enfermera o cuidadora de personas en situación de dependencia.

3.3. Estereotipos de género

Un estereotipo es una idea o una creencia arraigada por una sociedad o cultura determinada. Los estereotipos están relacionados con los pensamientos y con el área cognitiva del ser humano.

Por otro lado, un prejuicio es una reacción emocional a un estereotipo concreto. Los prejuicios están relacionados con las emociones y sentimientos, y con el área de relación social de las personas.

Los estereotipos son inevitables, normalmente son negativos, pero también pueden ser positivos o neutros. No obstante, categorizan a determinadas personas o grupos sociales, simplifican la realidad y son injustos. Los estereotipos, seguidos de los prejuicios, generan discriminación.

Los estereotipos de género son un conjunto de características y cualidades psicológicas y físicas que la sociedad asigna a mujeres y hombres por el simple hecho de ser hombres o mujeres. Las consecuencias de los estereotipos son que se fijan modelos exactos de cómo debe comportarse un hombre y una mujer. Desde los estereotipos (creencias o expectativas), a través del proceso de socialización diferenciada, surgen también los roles de género (normas de comportamiento).

Debido a los estereotipos, los hombres y las mujeres comienzan a desarrollar y responsabilizarse de una serie de funciones, y a tener comportamientos considerados propios de hombres o de mujeres por simplemente pertenecer a uno u otro sexo.

3.4. División sexual del trabajo

La división sexual del trabajo hace referencia a la manera en la que cada sociedad o grupo social organiza la distribución del trabajo entre los hombres y las mujeres, atendiendo a los roles de género que están establecidos en la propia sociedad y que se consideran apropiados para cada sexo.

De forma tradicional, según el patriarcado, a los hombres se les asigna el rol productivo y a las mujeres el rol reproductivo. Esta división es el origen de la discriminación por sexo: una división de tiempo, espacios, obligaciones y beneficios diferente para mujeres y para hombres.

3.5. El trabajo reproductivo

El trabajo productivo hace referencia a aquellas actividades que llevan a cabo las mujeres y los hombres en el contexto público, fuera del hogar, con el objetivo de producir bienes y servicios que, por tanto, generan ingresos y reconocimiento social; mientras que el trabajo reproductivo hace referencia a aquellas actividades de reproducción social que aseguran el bienestar de la familia y también su supervivencia (maternidad, crianza, cuidado, atención a personas en situación de dependencia, etc.).

Según esta perspectiva, a los hombres se les asigna el espacio público, es decir, el trabajo productivo, y a las mujeres el espacio privado, el trabajo reproductivo. Esta asignación es una construcción social, integrada totalmente en la sociedad, según los roles y estereotipos de género.

El espacio femenino ha sido establecido en el interior del hogar, en el espacio doméstico. A la mujer se le han impuesto, de forma perpetua, los trabajos de crianza y de cuidado (parejas, hijos, hijas u otros familiares). Los horarios de las mujeres se han vuelto circulares, las actividades nunca se terminan; el tiempo en el mercado laboral, fuera del hogar, está seguido del tiempo que tienen que dedicar al trabajo reproductivo en la conocida como "doble agenda o doble jornada".

En el espacio público se encuentran los hombres, y este debe ser un espacio lleno de sabiduría, poder, eficacia y prestigio. Este espacio es tangible y visible; además, el trabajo siempre es remunerado reconocido. Se trata de un espacio con poder económico, científico, religioso, político, jurídico, etc.

En cambio, el espacio privado está asignado a las mujeres, y es un espacio doméstico, privado y familiar. Este es el espacio del cuidado, del afecto, de la atención a otras personas, de la reproducción y, por tanto, del trabajo no remunerado, invisible y sin prestigio social o cultural.

3.6. Brechas de género

El concepto de brecha de género hace referencia a las desigualdades que existen entre las mujeres y los hombres en diferentes aspectos o facetas de la vida, perjudicando, en la mayoría de los casos, a las mujeres.

Algunas tipologías de brechas de género son:

- **Brecha de representación:** las mujeres están menos representadas que los hombres en puestos de gran responsabilidad política, pública u organizacional.
- **Brecha educativa:** las mujeres no suelen acceder a carreras tecnológicas o relacionadas con la informática.
- **Brecha salarial:** las mujeres, de media, ganan menos dinero que los hombres en puestos de igual o similar responsabilidad.
- **Brecha digital:** las mujeres, en general, tienen menor acceso a las nuevas tecnologías de la información y de la comunicación.

¿A qué pueden deberse estas brechas?

- Procesos de discriminación directa e indirecta.
- "Techos de cristal".
- Mayor utilización, por parte de las mujeres, de las medidas de conciliación de la vida personal, laboral y familiar.
- Estereotipos de género. Ejemplo: "los hombres son más tecnológicos, mientras que las mujeres son más sensibles".
- Segregación en el mercado de trabajo.

3.7. Doble jornada

La incorporación de la mujer al mercado de trabajo ha provocado que, en muchas ocasiones, además de trabajar fuera del hogar, a media o jornada completa, dediquen más tiempo que los hombres a las tareas domésticas, de cuidado, crianza o atención a hijos, hijas o personas dependientes. Por todo ello, se habla de "doble jornada o doble agenda".

Según ONU Mujeres, el valor monetario del trabajo de cuidados no remunerado que hacen las mujeres en todo el mundo asciende, como mínimo, a 10,8 billones de dólares anuales, el equivalente a tres veces el total de la industria tecnológica mundial.

Por otro lado, con respecto al número de horas que dedican hombres y mujeres a tareas domésticas, el INE arroja los siguientes datos:

- Hombres: 15,06 horas.
- Mujeres: 27,87 horas.
- Hombres ocupados laboralmente: 13,75 horas.
- Mujeres ocupadas laboralmente: 22,35 horas.
- Hombres desempleados: 18,69 horas.
- Mujeres desempleadas: 30, 34 horas.

◆ Hombres pensionistas: 18,40 horas.
◆ Mujeres pensionistas: 27,98 horas.

Los datos hablan por sí solos: con cualquier variable, las mujeres dedican casi el doble de horas que los hombres a estas tareas, a pesar de todos los avances sociales y laborales de las últimas décadas.

La doble jornada a la que se enfrentan las mujeres en la actualidad.

 ACTIVIDAD 3

Rosa trabaja a jornada completa como enfermera, haciendo turnos de mañana, tarde o noche, pero además dedica gran parte de su tiempo al cuidado de sus dos hijos y todo lo que implican las labores domésticas de un hogar. Su marido, Javier, es directivo de una empresa y pasa gran parte de la semana fuera del domicilio. ¿Es común la situación de Rosa? ¿Qué representa esta situación?

La **Ley Orgánica 3/2007, de 22 de marzo, para la igualdad** efectiva de mujeres y hombres, norma clave en los procesos relacionados con la igualdad de oportunidades, menciona en varias ocasiones algunos aspectos relacionados con los **factores socioculturales que dificultan la igualdad efectiva** en el empleo:

◆ **Exposición de motivos:** la norma establece, en su exposición de motivos, que resulta necesaria, a todos los efectos, una acción normativa dirigida a combatir todas las manifestaciones aún subsistentes de discriminación, directa o indirecta, por razón de sexo, y a promover la igualdad real entre mujeres y hombres, con remoción de los obstáculos y estereotipos sociales que impiden alcanzarla. La norma nace con un fin claro: conseguir la igualdad de oportunidades entre hombres y mujeres y, por tanto, la igualdad efectiva en el empleo.

⮑ **Artículo 24. Integración del principio de igualdad en la política de educación:** las autoridades educativas garantizarán un igual derecho a la educación de mujeres y hombres a través de la integración activa, en los objetivos y en las actuaciones educativas, del principio de igualdad de trato, evitando que, por comportamientos sexistas o por los estereotipos sociales asociados, se produzcan desigualdades entre mujeres y hombres. Habrá que prestar una especial consideración al proceso de eliminación y rechazo de comportamientos y contenidos sexistas que supongan discriminación entre mujeres y hombres, con especial consideración a los libros de texto y materiales educativos.

⮑ **Artículo 27. Integración del principio de igualdad en la política de salud:** las autoridades sanitarias garantizarán un igual derecho a la salud de las mujeres y hombres, a través de la integración activa, en los objetivos y en las actuaciones de la política de salud, del principio de igualdad de trato, evitando que, por sus diferencias biológicas o por los estereotipos sociales, se produzcan discriminaciones entre mujeres y hombres.

⮑ **Artículo 42. Programas de mejora de la empleabilidad de las mujeres:** las políticas de empleo tendrán como uno de sus objetivos prioritarios aumentar la participación de las mujeres en el mercado de trabajo y avanzar en la igualdad efectiva entre mujeres y hombres. Las actuaciones concretas irán dirigidas a:

◑ Mejorar la empleabilidad de las mujeres.
◑ Potenciar su permanencia en el mercado de trabajo.
◑ Mejorar su adaptabilidad a los nuevos requerimientos laborales.
◑ Atender a todas las mujeres, independientemente de su edad o nivel educativo.
◑ Acciones positivas para mujeres

4. Estereotipos de género

 **HILO CONDUCTOR**

Una vez detallados los factores estructurales y socioculturales que generan obstáculos en torno a la igualdad de oportunidades, en el ámbito del empleo,

Continúa en página siguiente >>

<< Viene de página anterior

Jimena se centra en analizar el papel que juegan los estereotipos de género en la generación de barreras, dificultades o situaciones de discriminación.

Los **estereotipos de género,** como ya hemos analizado, hacen referencia a las **creencias o expectativas** que asigna cada sociedad o grupo social a los hombres y las mujeres, por el simple hecho de serlo. Debido a estas creencias o expectativas, se asignan determinados comportamientos, actitudes, normas o valores.

 VÍDEO

Según la Organización Mundial de la Salud (OMS), los estereotipos de género se definen durante la infancia e impregnan toda nuestra vida, en todas sus facetas: personal, social, laboral o familiar. Estos estereotipos generan muchas dificultades a hombres y mujeres, pero especialmente a ellas. Accede desde aquí para verlo.

https://redirectoronline.com/1403020201

Los estereotipos están relacionados **con el pensamiento,** con el área cognitiva, pero surgen de las **creencias sociales** de cómo tienen que ser los hombres y de cómo tienen que ser las mujeres. Veamos algunos ejemplos.

 **EJEMPLOS**

Los hombres...

Deben ser fuertes y protectores.
Han de destacar en trabajos más técnicos, relacionados con la fuerza o con la responsabilidad/poder.
No deben mostrar sus sentimientos, como norma general.
Su objetivo prioritario es mantener económicamente a la familia.
En la infancia, los niños son más traviesos que las niñas.

Las mujeres...

Deben ser sensibles y serviciales.
Han de destacar en trabajos relacionados con los cuidados y los servicios.
Pueden mostrar sus sentimientos, como norma general.
Su objetivo prioritario es cuidar a sus familias.
En la infancia, las niñas son más buenas y tranquilas que los niños.

A continuación, te mostramos una tabla en la que puedes ver algunos elementos, actitudes y comportamientos de los hombres y de las mujeres según los estereotipos de género en algunos aspectos o ámbitos:

Algunos elementos, actitudes y comportamientos de los hombres y de las mujeres según los estereotipos de género en algunos aspectos o ámbitos		
Aspecto o ámbito	**Mujeres**	**Hombres**
Emocional	Inestabilidad Espontaneidad Mayor emocionalidad Pueden expresar sus emociones	Estabilidad Autocontrol Mayor racionalidad No está bien visto que expresen sus emociones
Intelectual	Intuición Sensibilidad Es más importante la belleza o la seducción que el intelecto	Inteligencia Espíritu emprendedor y de progreso Es importante lo intelectual que la belleza

Continúa en página siguiente >>

<< Viene de página anterior

Algunos elementos, actitudes y comportamientos de los hombres y de las mujeres según los estereotipos de género en algunos aspectos o ámbitos		
Relaciones románticas	Más cariñosas Más dependientes emocionalmente Instinto maternal Deseo de formalizar la pareja	Más protectores Escasa gestión emocional La soltería o el cambio de pareja están bien vistos socialmente
Poder	Sin interés por el poder Más necesidad de ser guiadas Sin capacidad de liderazgo	Con interés por el poder e inconformistas Deseosos del éxito Líderes natos
Autonomía y toma de decisiones	Más dependencia Necesita protección Sacrificio por la familia	Más independencia Más protectores Menor compromiso con la familia
Formación y carrera profesional	Son más hábiles con las letras, la comunicación o los estudios relacionados con la atención a personas	Son más hábiles con los estudios relacionados con lo técnico, la informática, los números o la fuerza
Infancia	Color rosa Juguetes relacionados con el cuidado	Color azul Juguetes relacionados con la construcción o los juegos de acción
Profesional (división sexual del trabajo)	Más orientadas a los trabajos relacionados con los cuidados Menos competitivas Menor capacidad de liderazgo Prioridad por la maternidad y la familia a ciertas edades	Más orientados a los trabajos relacionados con la informática o lo técnico Más competitivos Mayor capacidad de liderazgo Prioridad por su desarrollo profesional
Carreras y profesiones más demandadas	Atención a personas en situación de dependencia Medicina y enfermería Magisterio y ámbito educativo Servicios sociales Imagen personal Limpieza	Ingenierías Informática Tecnologías de la información y la comunicación Construcción Transporte Fuerzas y cuerpos de seguridad del Estado

En definitiva, **los estereotipos de género determinan el comportamiento,** las normas o los valores de hombres y mujeres, en mayor o menor medida, en torno a gran cantidad de situaciones o aspectos de la vida. En muchos casos, un mismo comportamiento se juzga totalmente diferente si viene de parte de un hombre o de una mujer.

EJEMPLO

Si un niño es muy sensible, se le puede considerar afeminado, mientras que si una niña es muy sensible, se le suele considerar delicada o con buen comportamiento.

Si una niña no comparte, se le puede considerar egoísta, mientras que si un niño no comparte, se le puede considerar que defiende bien lo suyo.

✎ ACTIVIDAD COMPLEMENTARIA

3. Reflexiona y contesta a las siguientes cuestiones.

Los estereotipos de género, relacionados con la socialización diferenciada y los roles de género, determinan, en gran medida, el comportamiento de los hombres y las mujeres por el simple hecho de serlo. Estos estereotipos, en torno al pensamiento de las personas y transmitidos de generación en generación, dibujan las expectativas, normas, valores y actitudes de hombres y mujeres, en el contexto de un grupo social determinado.

· ¿Qué papel juegan los estereotipos de género en la primera infancia?
· ¿En qué aspectos influyen los estereotipos de género con respecto a la elección de una profesión u otra, o el desarrollo de la carrera profesional?

5. Resumen

La igualdad efectiva en el empleo entre hombres y mujeres, a día de hoy, no es una realidad, por lo que es importante identificar aquellos factores que generan obstáculos y dificultades en torno a ella.

Por un lado, es importante detectar los factores estructurales que influyen en esta desigualdad, como aquellos elementos que se vuelven sistémicos y globales, afectando a gran cantidad de personas, y continuos y persistentes, manteniéndose en el tiempo.

Algunos de los factores estructurales que generan obstáculos, en torno a la igualdad, son:

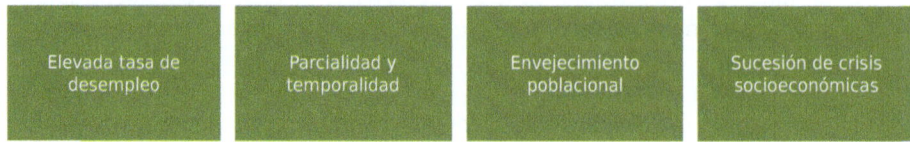

Los factores estructurales son los más generalistas, mientras que los factores socioculturales, desde el contexto del género, están más relacionados con el proceso de socialización o adquisición de normas y valores, en cualquier grupo social o cultural, influyendo en comportamientos, expectativas o actitudes.

En torno al género y la igualdad de oportunidades, es importante tener presente las siguientes cuestiones:

Conocer los estereotipos de género es imprescindible para tomar conciencia y comprender lo que la sociedad espera de la mujer y del hombre, desde el momento del nacimiento, influyendo en todas las etapas y facetas de la vida.

Ejercicios de autoevaluación
Unidad de Aprendizaje 2

1. Determina si la siguiente afirmación es verdadera o falsa: "Los factores estructurales hacen referencia a aquellos elementos que se vuelven sistémicos y globales, afectando a gran cantidad de personas, y continuos y persistentes, manteniéndose en el tiempo y formando parte de las características de un sistema u organización concreta".

   ■ Verdadero
   ■ Falso

2. Determina si la siguiente afirmación es verdadera o falsa: "España presenta una de las tasas de desempleo más bajas de toda la Unión Europea, junto a países como Alemania y Francia".

   ■ Verdadero
   ■ Falso

3. ¿Qué sector económico es el más predominante en España?

   a. Sector primario.
   b. Sector secundario.
   c. Sector servicios.
   d. Sector tecnológico.

4. ¿Qué proceso hace referencia a los mensajes, implícitos y explícitos, que cada grupo social envía a los hombres y a las mujeres sobre cómo deben ser, con respecto a roles, estereotipos, procesos educativos y procesos relacionados con la utilización del lenguaje?

   a. Socialización de género
   b. Socialización diferenciada.
   c. Socialización neutra.
   d. Socialización terciaria.

5. Indica las opciones correctas. ¿Cómo son los estereotipos?

   a. Normalmente positivos.
   b. Categorizan a determinadas personas o grupos sociales.

    c. Simplifican la realidad.

    d. Pueden generar discriminación.

6. **Determina si la siguiente afirmación es verdadera o falsa: "El trabajo reproductivo hace referencia a aquellas actividades de reproducción social que aseguran el bienestar de la familia y también su supervivencia".**

    ■ Verdadero

    ■ Falso

7. **Indica las opciones correctas. ¿Qué características tiene el espacio productivo?**

    a. Es público.

    b. Espacio visible.

    c. Espacio invisible.

    d. Con mayor representación de mujeres.

8. **Determina si la siguiente afirmación es verdadera o falsa: "Según datos del INE, los hombres, en todos los grupos de edad y ocupación, dedican prácticamente las mismas horas que las mujeres a las tareas domésticas".**

    ■ Verdadero

    ■ Falso

9. **Relaciona cuáles de los siguientes estereotipos se asocian a los hombres o a las mujeres:**

    __ Deben ser fuertes.

    __ No está mal visto que muestren sus sentimientos.

    __ Su objetivo prioritario es cuidar a su familia.

    __ Destacan en trabajos más técnicos.

    __ Su objetivo prioritario es mantener económicamente a la familia.

10. Indica las opciones correctas. Con respecto a las relaciones románticas, según los estereotipos de género, los hombres...

    a. ... son más protectores.
    b. ... tienen deseo de formalizar la pareja.
    c. ... presentan mayor dependencia emocional.
    d. ... la soltería o el cambio de pareja están bien vistos socialmente.

Actividades de sensibilización en el empleo desde la perspectiva de género

Contenido

1. Introducción
2. El papel de los agentes sociales en las actividades de sensibilización: sindicatos y organizaciones empresariales
3. Planificación de actividades de sensibilización
4. El papel de los planes de igualdad en el ámbito del empleo
5. Análisis y aplicación de técnicas de información y sensibilización
6. Elaboración de materiales de información y sensibilización
7. Uso de las tecnologías de la información y la comunicación para la organización de actividades de información y sensibilización. Accesibilidad de los soportes de comunicación
8. Resumen

Objetivo

Los objetivos específicos de esta Unidad de Aprendizaje son:

→ Analizar el papel de los agentes sociales en materia de información y sensibilización.
→ Diseñar actividades de sensibilización en perspectiva de género en diferentes entornos y actividades laborales.
→ Tomar conciencia sobre la importancia de los planes de igualdad en el ámbito del empleo.
→ Aplicar técnicas de información y sensibilización.
→ Reflexionar sobre diferentes materiales de información y sensibilización en materia de empleo.
→ Valorar el papel del uso de las TIC para la organización de actividades de información y sensibilización, y comprobar la accesibilidad de los soportes comunicativos para dar a conocer los servicios, recursos y acciones del entorno de intervención.

1. Introducción

Los agentes sociales encargados de negociar las cuestiones relacionadas con el ámbito laboral y empresarial son los sindicatos, que representan a las personas trabajadoras, y la patronal, que representa a las empresas. Estos se encargan de varias cuestiones, como, por ejemplo, negociar los derechos de las personas trabajadoras o fortalecer el diálogo social. En el contexto de la igualdad de oportunidades, entre hombres y mujeres, se dedican a diseñar campañas de sensibilización, negociar los planes de igualdad o informar sobre los derechos relacionados con la conciliación de la vida personal, laboral y familiar.

La planificación de actividades de información y sensibilización debe centrarse en dos cuestiones básicas: potenciar la igualdad de oportunidades y evitar cualquier situación de discriminación por razón de género. Las actividades se organizarán en torno a: procesos de selección, formación continua, promoción profesional, prevención de situación de acoso sexual y políticas de conciliación y corresponsabilidad.

Los planes de igualdad son un conjunto de medidas e intervenciones, adoptadas tras realizar un diagnóstico y un análisis de la situación sobre igualdad dentro de las empresas, cuyo fin es conseguir en la empresa la igualdad de trato y de oportunidades y eliminar la discriminación por razón de sexo.

En España, con la legislación actual, todas las empresas con más de 50 personas trabajadoras deben contar con un plan de igualdad, además de aquellas que lo tengan por voluntad propia o impuesto por la autoridad laboral vigente.

Para desarrollar las actividades de sensibilización e información, se deben seleccionar técnicas concretas como, por ejemplo: difusión de la normativa vigente, protocolos en los procesos de selección, planes de igualdad, análisis de las retribuciones salariales, formación en igualdad de oportunidades y difusión de buenas prácticas.

Además de las técnicas de información y sensibilización, también es importante tener en cuenta aquellos materiales concretos que diseñar, desarrollar y utilizar: todos los materiales vinculados con los planes de igualdad, guías de sensibilización, materiales para las acciones formativas, campañas de difusión o guías de sensibilización, entre otros. El material utilizado debe incorporar la perspectiva de género y la utilización de lenguaje inclusivo, no sexista.

Vivimos en la era de la digitalización, la globalización y el *boom* de las nuevas tecnologías de la información y de la comunicación. El cambio es imparable, y las actividades, técnicas y materiales de información y sensibilización deben planificarse y desarrollarse teniendo presente estas herramientas, así como el valor de la accesibilidad, con el fin de llegar a todas las personas.

Para ello, nos seguiremos basando en el caso de Jimena, graduada en Relaciones Laborales y Recursos Humanos, que está realizando un estudio, en el marco de su trabajo en la gestoría, para publicar en un congreso de relaciones laborales y empresariales, sobre las actividades de sensibilización en el empleo desde la perspectiva de género.

2. El papel de los agentes sociales en las actividades de sensibilización: sindicatos y organizaciones empresariales

 HILO CONDUCTOR

Jimena comienza la planificación de su estudio analizando el papel de los agentes sociales en el diseño y ejecución de las actividades de sensibilización e información sobre igualdad de oportunidades entre hombres y mujeres. Para ello, además de señalar las principales intervenciones, detalla el papel de los sindicatos y las organizaciones que representan a las empresas y otras organizaciones.

Los agentes sociales, partiendo del contexto del mercado de trabajo y de las relaciones económicas, son aquellas organizaciones empresariales o patronales y organizaciones sindicales que representan a las empresas y a las personas trabajadoras, respectivamente, para defender sus derechos.

 **DEFINICIÓN**

Agentes sociales
Aquellas organizaciones ajenas a la Administración pública que participan en la política social y económica. Ejemplos: sindicatos, fundaciones, ONG y organizaciones empresariales.

El término de agente social va más allá de los sindicatos y las organizaciones empresariales, pero nos centraremos en ellos, como elementos clave de las relaciones laborales, la economía y la negociación colectiva.

Estos agentes sociales, sindicatos y organizaciones empresariales, junto al Gobierno, **negocian** todas aquellas cuestiones relacionadas con:

⮩ Mercado de trabajo.
⮩ Derechos y deberes laborales.
⮩ Jornada de trabajo.
⮩ Salario mínimo interprofesional (SMI).
⮩ Regulación laboral.

El poder de la negociación colectiva, entre organizaciones empresariales y sindicatos, en el contexto de las relaciones laborales.

Los principales agentes sociales en España, en el contexto del mercado de trabajo, son:

CEOE	- La CEOE (Confederación Española de Organizaciones Empresariales) es la mayor organización empresarial y patronal en España. Defiende los intereses de las empresas, tratando de influir en aquellas políticas llevadas a cabo por el Gobierno que más influyen en el ámbito empresarial.

Continúa en página siguiente >>

<< Viene de página anterior

UGT	- La UGT (Unión General de Trabajadores y Trabajadoras) es uno de los sindicatos mayoritarios en España. Representa y defiende los derechos de las personas trabajadoras, reivindicando una regulación laboral más potenciadora de la calidad de vida. Defiende a las personas trabajadoras con carácter integral y no a un colectivo concreto.
CC. OO.	- CC. OO. (Confederación Sindical de Comisiones Obreras) es el sindicato con mayor número de personas afiliadas en España. Al igual que UGT, representa a las personas trabajadoras y defiende sus derechos.

Los agentes sociales deben aportar información y sensibilizar, tanto a empresarios y empresarias como a personas trabajadoras, en materia de sensibilización de igualdad de oportunidades y de trato entre hombres y mujeres.

Los agentes sociales se encargan de la negociación colectiva, desarrollando los convenios, un amplio y completo documento en el que se trata tanto la regulación de las condiciones de trabajo como el desarrollo de la productividad y gestión de las empresas, así como todos aquellos elementos relacionados con la igualdad de género (políticas de conciliación, planes de igualdad, protocolos relacionados con el acoso sexual, etc.).

 **DEFINICIÓN**

Convenio colectivo

Regula las condiciones laborales de un determinado sector o empresa, en el marco de la negociación colectiva, entre sindicatos y organizaciones empresariales, según el Estatuto de los Trabajadores.

El convenio colectivo regula, entre otras cuestiones: salarios, jornada, permisos de conciliación, vacaciones, medidas relacionadas con la igualdad de oportunidades, etc.

La **negociación colectiva** es primordial y la mayoría de las personas trabajadoras del sector privado en España ven reguladas sus condiciones laborales y salariales a través de esta.

Las **tareas principales** de los agentes sociales, a rasgos generales, son:

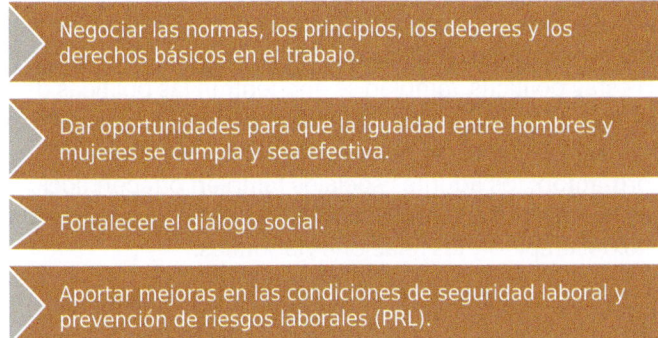

Negociar las normas, los principios, los deberes y los derechos básicos en el trabajo.

Dar oportunidades para que la igualdad entre hombres y mujeres se cumpla y sea efectiva.

Fortalecer el diálogo social.

Aportar mejoras en las condiciones de seguridad laboral y prevención de riesgos laborales (PRL).

De forma más concreta, las actividades o tareas de sensibilización que deben llevar a cabo los agentes sociales, en el contexto de la promoción de la igualdad de género, son:

- **Difusión e información:**

  - Información sobre derechos y deberes laborales.
  - Asesoramiento en el marco del Estatuto de los Trabajadores o el convenio colectivo de aplicación.
  - Difusión o información sobre los permisos de conciliación de la vida personal, laboral y familiar.

- **Campañas de sensibilización:** los agentes sociales pueden diseñar y difundir campañas concretas sobre:

  - Igualdad de oportunidades y de trato, entre hombres y mujeres.
  - Políticas de conciliación de la vida personal, laboral y familiar.
  - Igualdad retributiva.
  - Planes de igualdad en las empresas.
  - Protocolos para intervenir en contra del acoso por razón de sexo.
  - Prevención de la violencia de género u otro tipo de violencias.

- **Planes de igualdad:** los planes de igualdad en las empresas son un conjunto de medidas e intervenciones, adoptadas tras realizar un diagnóstico y un análisis de la situación sobre igualdad, en el contexto de las empresas y otras organizaciones, cuyo objetivo principal es conseguir en la empresa la igualdad de trato y de oportunidades entre hombres y mujeres, y eliminar la discriminación por razón de sexo. Son una herramienta clave en favor de la igualdad y deben negociarse entre las empresas y los sindicatos y/o representantes de las personas trabajadoras.

⮑ **Diálogo social:** el diálogo social es un mecanismo institucional que sirve para negociar y llegar a acuerdos sobre políticas laborales, sociales y económicas entre el Gobierno, las personas trabajadoras y las empresas. En estas políticas, también se encuentran las políticas de género, como, por ejemplo, protocolos de intervención ante casos de acoso por razón de sexo o desarrollo y elaboración de planes de igualdad.

⮑ **Formación:** los agentes sociales también ofrecen acciones y formaciones diversas relacionadas con la igualdad de oportunidades en el ámbito del empleo y las relaciones laborales.

 TAREA 4

Juan trabaja, desde hace varios años, en un sindicato muy representativo en el sector privado, gestionando temas diversos y encargándose de aquellas tareas relacionadas con la promoción, información y sensibilización sobre la igualdad de oportunidades y de trato entre hombres y mujeres. En el equipo de Juan, para llevar a cabo aquellas tareas relacionadas con la igualdad, se acaba de incorporar Javier. ¿Cuáles son las tareas principales, en materia de información y sensibilización sobre género e igualdad de oportunidades, que se deben realizar desde un sindicato, como agente social clave en la negociación de las relaciones laborales?

3. Planificación de actividades de sensibilización

 HILO CONDUCTOR

Una vez analizado el papel de los agentes sociales, sindicatos y organizaciones empresariales, Jimena se centra en el proceso de planificación de las actividades de sensibilización, desde dos elementos: los objetivos de estas intervenciones y los elementos o cuestiones que abarcan.

Las actividades de sensibilización, información y promoción, en el contexto de las relaciones laborales, con respecto a la igualdad de oportunidades y de trato entre hombres y mujeres, tienen los siguientes objetivos:

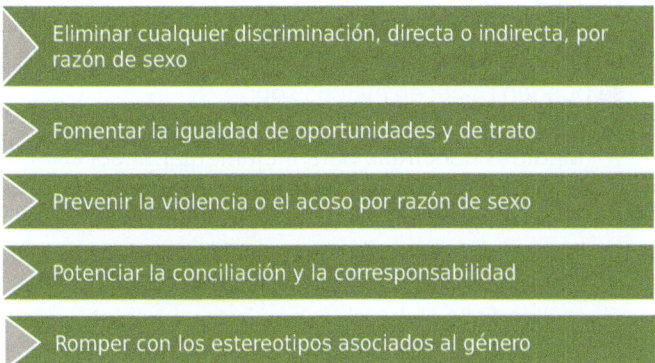

Eliminar cualquier discriminación, directa o indirecta, por razón de sexo

Fomentar la igualdad de oportunidades y de trato

Prevenir la violencia o el acoso por razón de sexo

Potenciar la conciliación y la corresponsabilidad

Romper con los estereotipos asociados al género

 **RECUERDA**

La *discriminación directa* hace referencia a aquellas situaciones en las que una persona sea, haya sido o pudiera ser tratada, en atención a su sexo, de manera menos favorable que otra en una situación comparable (ejemplo: una mujer despedida de su empleo por comunicar su embarazo).

La *discriminación indirecta* hace referencia a una situación que aparentemente es neutra, pero pone a personas de un sexo en desventaja particular con respecto a personas del otro, a excepción de que dicha disposición, criterio o práctica puedan justificarse de forma objetiva en atención a una finalidad legítima y que los medios para alcanzar dicha finalidad sean necesarios y adecuados (ejemplo: mayor tasa de parcialidad y temporalidad laboral en el caso de las mujeres).

Estas actividades se pueden diseñar o implementar en diversos aspectos o elementos de las relaciones laborales:

➲ **Procesos de selección y contratación:** la planificación de actividades de sensibilización, con respecto a los procesos de reclutamiento, selección y contratación, tiene los siguientes objetivos:

⊍ Reconocer el potencial profesional de las mujeres e integrarlas en la plantilla de trabajo en las diferentes áreas (no solo en aquellos puestos típicamente feminizados).

⊍ Evitar estereotipos, por razón de sexo o género, en los procesos de selección (cribado de currículums o planificación de las preguntas de la entrevista de trabajo).

Algunas de las actividades o tareas concretas de sensibilización que se pueden poner en marcha son:

a. Medidas concretas para incrementar el acceso de currículos de mujeres en determinadas áreas de las organizaciones o en la empresa en general.

b. Tareas para definir los puestos de trabajo (tareas, funciones, titulaciones demandadas, conocimientos previos, etc.), incluyendo la realidad sociolaboral de hombres y mujeres.

c. Procedimientos concretos para equilibrar la participación de mujeres y hombres en aquellos puestos de trabajo donde no exista un determinado equilibrio.

d. Utilizar el lenguaje no sexista o inclusivo.

e. Evaluación de las candidaturas para cualquier puesto de trabajo con objetividad y criterios homogéneos.

➲ **Desarrollo profesional**: la planificación de actividades de sensibilización, relacionadas con el desarrollo profesional, tiene los siguientes objetivos:

1. Reconocer el potencial de mujeres y hombres de forma igualitaria y facilitar el desarrollo de la carrera profesional.

2. Fomentar la presencia equilibrada de mujeres y hombres en los diferentes niveles profesionales que tiene la empresa (medidas concretas para acabar con los "techos de cristal").

3. Garantizar las mismas oportunidades de promoción a mujeres y hombres.

Algunas de las actividades o tareas concretas de sensibilización que se pueden poner en marcha son:

1. Análisis y estudio de los inconvenientes que se encuentra las mujeres para incorporarse a los procesos de promoción profesional y, por tanto, diseñar e implementar estrategias para solventarlos.

2. Medidas concretas para desarrollar un plan de promoción profesional que valore la promoción vertical y horizontal de hombres y mujeres.

3. Creación de un banco de datos, en el contexto de cada empresa u organización, sobre mujeres trabajadoras con potencial para promocionar.
4. Difusión de ofertas de promoción profesional entre toda la plantilla de la empresa u organización.
5. Asegurar las mismas posibilidades de ascender a toda la plantilla sin tener en cuenta el tipo de contrato que tienen (contrato a media jornada, reducción de jornada por cuidado de familiares, etc.).
6. Garantizar la promoción profesional también a personas que están en situación de excedencia por cuidado de hijos, hijas u otros familiares.
7. Diseño de formaciones en materia de igualdad para el equipo responsable de los procesos de promoción.
8. Diseño de cursos en habilidades de dirección, técnicas de comunicación o liderazgo dirigidos a mujeres con posibilidad de promocionar en la empresa.
9. Lograr un equilibrio representativo entre hombres y mujeres en los puestos de toma de decisiones, estableciendo porcentajes de promoción de mujeres.

⮕ **Formación continua:** la planificación de actividades de sensibilización, con respecto a la formación continua, tiene los siguientes objetivos:

1. Facilitar la participación de mujeres y hombres en acciones formativas propuestas por las empresas.
2. Apoyar una mejora continua, de mujeres y hombres, para conseguir un buen desarrollo profesional. Asegurar que los procesos de mejora tienen una perspectiva de género integrada.
   Algunas de las actividades o tareas concretas de sensibilización que se pueden poner en marcha son:

   a. Comunicar las actividades formativas a toda la plantilla, asegurando que todas las personas tengan la información necesaria, en tiempo y forma.
   b. Realizar estudios de las necesidades formativas de la plantilla.
   c. Estudiar las necesidades profesionales y personales de la plantilla en la planificación de la formación continua.
   d. Integrar las necesidades de todas las categorías profesionales de la empresa en la programación formativa.
   e. Impartir las acciones formativas, siempre que sea posible, dentro de la jornada laboral.
   f. Ofrecer oportunidades de asistir a la formación a aquellas personas trabajadoras que están en situación de excedencia o reducción de jornada.

g. Medidas concretas para identificar los obstáculos de participación de las mujeres en los procesos de formación.

⮂ **Conciliación y corresponsabilidad:** la planificación de actividades de sensibilización, con respecto a las políticas de corresponsabilidad y conciliación, de la vida personal, laboral y familiar, tiene los siguientes objetivos:

1. Favorecer la incorporación y permanencia de mujeres y hombres en el mercado de trabajo, a través de medidas concretas relacionadas con la conciliación.
2. Facilitar la participación de mujeres y hombres en la empresa, en los procesos de promoción, de formación y también de puestos de alta responsabilidad.
3. Disminuir el absentismo laboral y el estrés que provocan las dificultades de conciliación de la vida laboral y familiar.

Algunas de las actividades o tareas concretas de sensibilización que se pueden poner en marcha son:

a. Información concreta sobre los permisos de conciliación: por nacimiento y cuidado de menor, lactancia acumulada, hospitalización de familiares, fallecimiento, reducción de jornada, etc.
b. Ampliación o mejora de los permisos, retribuidos o no retribuidos, recogidos en la legislación, por parte de las empresas.
c. Flexibilización de los horarios de entrada y salida al puesto de trabajo.
d. Adaptaciones horarias según las necesidades familiares o personales.
e. Opciones laborales vinculadas al trabajo híbrido, el trabajo a distancia, el trabajo desde casa o el teletrabajo.

⮂ **Prevención del acoso por razón de sexo:** la planificación de actividades de sensibilización, con respecto a la prevención del acoso por razón de sexo, tiene los siguientes objetivos:

1. Garantizar el respeto a la intimidad y dignidad de la persona en el entorno laboral.
2. Llevar a cabo mecanismos que supongan la prevención, la actuación y la sanción de situaciones que puedan dañar a la persona, tanto a nivel físico como psicológico.
3. Diseñar e implementar protocolos concretos relacionados con la prevención del acoso por razón de sexo.
   Algunas de las actividades o tareas concretas de sensibilización que se pueden poner en marcha son:

a. Detección de los riesgos de los puestos de trabajo que desarrollan las mujeres y los hombres en la empresa.
b. Creación de protocolos concretos para intervenir en los casos de mujeres trabajadoras víctimas de violencia de género.
c. Difusión de campañas de sensibilización.
d. Ofrecer apoyo y facilidades a las trabajadoras que estén en situación de violencia de género, para un cambio de puesto de trabajo, flexibilidad horaria, extinción del contrato de trabajo, etc.
e. Diseño y aplicación de medidas de actuación con el objetivo de prevenir y penalizar el acoso sexual en el ámbito laboral.
f. Protocolo de investigación y análisis de las situaciones de acoso en la empresa.

El compromiso con la igualdad de oportunidades, entre hombres y mujeres, en el contexto de las empresas, debe incluir la definición y elaboración de un protocolo de intervención ante situaciones de acoso por razón de sexo.

ACTIVIDAD 3

Pedro es técnico de recursos humanos en una gran empresa con más de 250 personas trabajadoras. Desde la dirección de recursos humanos, le piden que diseñe actividades o acciones concretas encaminadas a mejorar los procesos de formación continua, desde una perspectiva de género y con un compromiso firme en favor de la igualdad de oportunidades. ¿Cuál de las siguientes acciones está relacionada con este aspecto?

Continúa en página siguiente >>

<< Viene de página anterior

a. Evaluación de las candidaturas para cualquier puesto de trabajo con objetividad y criterios homogéneos.
b. Creación de un banco de datos, en el contexto de cada empresa u organización, sobre mujeres trabajadoras con potencial para promocionar.
c. Ofrecer oportunidades de asistir a la formación a aquellas personas trabajadoras que están en situación de excedencia o reducción de jornada.
d. Diseño y aplicación de medidas de actuación con el objetivo de prevenir y penalizar el acoso sexual en el ámbito laboral.

4. El papel de los planes de igualdad en el ámbito del empleo

☞ HILO CONDUCTOR

Tras analizar el proceso de planificación de las actividades de sensibilización e información, Jimena, para continuar con la elaboración de su estudio, se centrará en el papel y utilidad de los planes de igualdad, detallando: obligaciones de las empresas, contenidos mínimos o fases del proceso de diseño e implementación.

Los planes de igualdad, como ya hemos comentado, son un conjunto de medidas e intervenciones, adoptadas tras realizar un diagnóstico y un análisis de la situación sobre igualdad dentro de las empresas, cuyo objetivo principal es conseguir en la empresa la igualdad de trato y de oportunidades y eliminar la discriminación por razón de sexo.

La normativa principal sobre la igualdad de oportunidades y, por tanto, referente a los planes de igualdad, es la Ley Orgánica 3/2007, de 22 de marzo, para la igualdad efectiva de mujeres y hombres.

El artículo 45 de la ley es el que define los procesos de elaboración y aplicación de los planes de igualdad.

Artículo 45: Procesos de elaboración y aplicación de planes de igualdad

---

- Las empresas están obligadas a respetar la igualdad de oportunidades y de trato en el ámbito de las relaciones laborales. Para ello, deberán **adoptar medidas concretas dirigidas a evitar cualquier tipo de discriminación laboral** entre hombres y mujeres. Estas medidas deberán negociarse entre las empresas y la representación legal de las personas trabajadoras, según la legislación laboral.

- Las empresas con **más de 50 personas trabajadoras** tendrán la obligación de elaborar y aplicar un plan de igualdad, con el alcance y el contenido marcado por la legislación vigente.

- Independientemente del tamaño de la empresa, las empresas deberán elaborar y aplicar un plan de igualdad de oportunidades cuando se establezca en el **convenio colectivo de aplicación.**

- Las empresas también elaborarán y aplicarán un plan de igualdad, previa negociación, con la representación legal de las personas trabajadoras, cuando la autoridad laboral hubiera acordado en un procedimiento sancionador la sustitución de las sanciones accesorias por la elaboración y aplicación de dicho plan de igualdad, en los términos que se fijen en el acuerdo indicado.

- La elaboración y la implantación de los planes de igualdad será **voluntaria para el resto de las empresas,** con previa consulta a la representación legal de las personas trabajadoras.

Tras la publicación del **Real Decreto-ley 6/2019, de 1 de marzo,** de medidas urgentes para garantía de la igualdad de trato y de oportunidades entre mujeres y hombres en el empleo y la ocupación, las empresas han tenido los siguientes plazos para elaborar y aplicar los planes de igualdad:

> **Empresas entre 151 y 250 personas trabajadoras**
> - Estas empresas contarán con un periodo de un año para la aprobación de los planes de Igualdad (obligación a partir de marzo de 2020).

> **Empresas entre 100 y 150 personas trabajadoras**
> - Estas empresas contarán con un periodo de dos años para la aprobación de los planes de igualdad (obligación a partir de marzo de 2021).

> **Empresas con más de 50 personas trabajadoras**
> - Estas empresas contarán con un periodo de tres años para la aprobación de los planes de igualdad (obligación a partir de marzo de 2022).

El proceso de diseño, elaboración e implementación de un plan de igualdad es un proceso con cinco fases diferenciadas.

	Fases de los planes de igualdad
Primera fase	Puesta en marcha Puesta en marcha del proceso de elaboración y diseño del plan de igualdad.
Segunda fase	Diagnóstico Realización y elaboración del diagnóstico.
Tercera fase	Diseño Diseño, aprobación y registro del plan de igualdad.
Cuarta fase	Implantación y seguimiento Implantación y seguimiento del plan de igualdad.
Quinta fase	Evaluación Evaluación del plan de igualdad.

 **VÍDEO**

El plan de igualdad de oportunidades entre hombres y mujeres, en el contexto de las empresas y de las relaciones laborales, tiene como objetivo prioritario acabar con la discriminación de género en el trabajo.

Con este vídeo, podemos realizar un proceso de análisis y de reflexión del plan de igualdad. Accede al mismo desde aquí.

https://redirectoronline.com/1403020301

Las características del plan de igualdad, a rasgos generales, son:

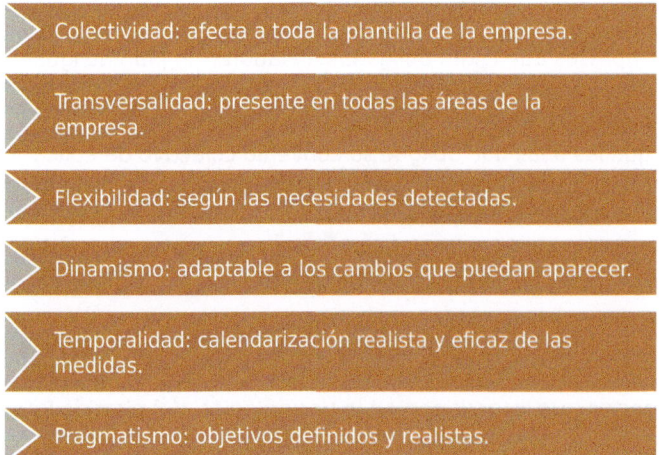

- Colectividad: afecta a toda la plantilla de la empresa.
- Transversalidad: presente en todas las áreas de la empresa.
- Flexibilidad: según las necesidades detectadas.
- Dinamismo: adaptable a los cambios que puedan aparecer.
- Temporalidad: calendarización realista y eficaz de las medidas.
- Pragmatismo: objetivos definidos y realistas.

Los principios del plan de igualdad son:

- Principio de igualdad de oportunidades
- Principio de no discriminación directa por razón de sexo o género
- Principio de no discriminación indirecta por razón de sexo o género
- Principio para erradicar y eliminar cualquier forma de acoso sexual
- Principio de transparencia retributiva

4.1. Primera fase: puesta en marcha del plan de igualdad

Desde la aprobación del Real Decreto-ley 6/2019, de 1 de marzo, de medidas urgentes para garantía de la igualdad de trato y de oportunidades entre mujeres y hombres en el empleo y la ocupación, la negociación del plan de igualdad, con su diagnóstico previo, es obligatoria para todas aquellas empresas marcadas por la ley.

 **RECUERDA**

Las empresas que están obligadas a elaborar un plan de igualdad son:

- Aquellas con más de 50 personas trabajadoras.
- Aquellas a las que obligue su convenio colectivo de aplicación.
- Aquellas que tengan algún expediente sancionador dictado por la Inspección de Trabajo correspondiente.
- Aquellas que lo quieran hacer de forma voluntaria, aunque no se incluyan en ninguno de los apartados anteriores.

Las partes que intervienen en la negociación del plan de igualdad son:

1. La representación legal de la empresa. La gerencia de la empresa designará a sus representantes.
2. La representación legal y/o sindical de las personas trabajadoras. Normalmente, se encargará el comité de empresa y/o las personas delegadas de personal.

Los comités de empresas son un órgano representativo de aquellas empresas que cuentan con un mínimo de 50 personas trabajadoras. Está formado por un grupo de personas que representan a todas las personas trabajadoras de la empresa.

El comité estará formado por la presidencia, la secretaría y un número determinado de representantes, dependiendo del número total de personas trabajadoras en la empresa.

Las funciones del comité de empresa son:

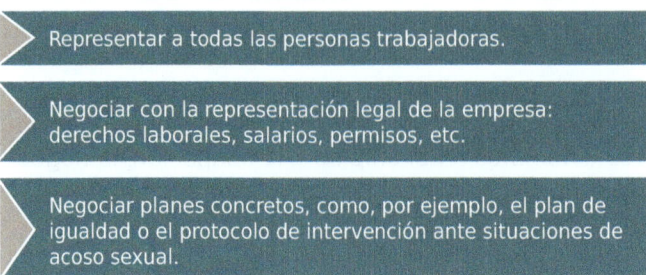

Representar a todas las personas trabajadoras.

Negociar con la representación legal de la empresa: derechos laborales, salarios, permisos, etc.

Negociar planes concretos, como, por ejemplo, el plan de igualdad o el protocolo de intervención ante situaciones de acoso sexual.

Las personas delegadas de personal son también un órgano representativo de las personas trabajadoras de la empresa o centro de trabajo, para la defensa de sus derechos e intereses. Jurídicamente hablando, no es obligatorio contar con una persona delegada de personal, pero es posible en aquellas empresas entre 10 y 50 personas trabajadoras. Tendrán las mismas funciones representativas y sindicales que los comités de empresa.

Las empresas obligadas, por una u otra razón, a elaborar y redactar un plan de igualdad, deberán constituir una comisión negociadora. La comisión negociadora estará formada por la representación de las personas trabajadoras y la representación de la empresa. Aunque la empresa en cuestión no esté obligada a elaborar el plan, si quiere diseñarlo de forma voluntaria, también deberá constituir la citada comisión.

Antes de constituir la comisión negociadora, una de las dos partes, la empresa o la representación legal de las personas trabajadoras, comunicará a la otra parte la iniciativa de negociar un plan de igualdad. Esta comunicación deberá hacerse de forma escrita y formal, acorde a la legislación vigente.

Las **materias objeto de negociación** del plan de igualdad, según el artículo 46.2 de la Ley Orgánica 3/2007, de 22 marzo, son las siguientes:

Proceso de selección y contratación

Clasificación profesional

Formación

Promoción profesional

Condiciones de trabajo

Conciliación y corresponsabilidad

Infrarrepresentación femenina

Retribuciones

Prevención del acoso sexual

ACTIVIDAD 4

Juan forma parte del comité de empresa de una organización y, como representante de las personas trabajadoras, ha sido designado para negociar el plan de igualdad. En la fase de puesta en marcha, se ha constituido la comisión negociadora y es el momento de comenzar el proceso. ¿Qué materias se han de negociar en el plan de igualdad?

- -

4.2. Segunda fase: diagnóstico del plan de igualdad

El diagnóstico del plan de igualdad consiste en hacer un análisis profundo sobre la situación de la empresa, centrando el análisis en aquellos aspectos, elementos o ámbitos en los que se puedan estar produciendo situaciones de desigualdad o discriminación, por razones de género o sexo.

Es un análisis sobre la situación de partida con respecto a la igualdad de oportunidades y de trato, entre hombres y mujeres. Posteriormente, el plan de igualdad deberá actuar frente a estos aspectos o circunstancias.

Las partes que intervienen en el diagnóstico del plan de igualdad son:

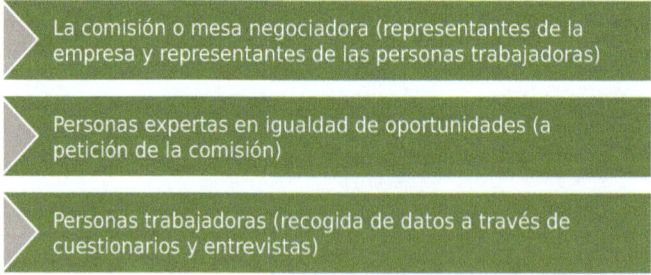

La comisión o mesa negociadora (representantes de la empresa y representantes de las personas trabajadoras)

Personas expertas en igualdad de oportunidades (a petición de la comisión)

Personas trabajadoras (recogida de datos a través de cuestionarios y entrevistas)

Vamos a presentar y explicar cada una de las fases del diagnóstico del plan de igualdad.

Planificación

La comisión negociadora asignará a una o varias personas la tarea de dinamizar el proceso de recogida de la información y datos. Esta persona solicitará a la empresa y a las personas trabajadoras toda la información que considere oportuna y necesaria para diagnosticar cada una de las materias (proceso de selección, formación continua, desarrollo profesional, escala retributiva, etc.).

Se seleccionarán las herramientas necesarias para la recopilación de datos como, por ejemplo, fichas o cuestionarios. Toda la plantilla de la empresa ha de conocer que se ha iniciado esta fase.

A modo de resumen: se planifica la recogida de la información necesaria para diagnosticar la situación de partida de la empresa, con respecto a la igualdad de oportunidades.

Recopilación de información

Se recogerá toda la información, datos y documentación disponible o necesaria para poder llevar a cabo el diagnóstico de la situación (cuestionarios administrados a las personas trabajadoras, hojas de salario, información sobre los procesos de selección, información sobre los procesos de promoción profesional, etc.).

Análisis de información

Se analizan y gestionan los datos, información y documentación recogida, para así señalar puntos débiles, puntos fuertes, prioridades de actuación y propuestas de mejora. En este momento, es clave identificar los aspectos o cuestiones en los que se producen las situaciones de desigualdad o discriminación, las causas que las provocan y las medidas de cambio propuestas para solventar este tipo de situaciones.

Informe de diagnóstico

La comisión deberá elaborar un informe final de diagnóstico, sobre la situación de partida en la empresa, con respecto a la igualdad de oportunidades entre hombres y mujeres, según el análisis llevado a cabo, la gestión de la información y los principales análisis, conclusiones y propuestas de mejora.

El informe de diagnóstico debe incluir: metodología utilizada, información detallada de la empresa, organigrama, análisis de la situación por materias, reflexiones, propuestas de mejora y conclusiones.

Comunicación del diagnóstico

El informe de diagnóstico debe ser conocido por toda la plantilla de personas trabajadoras, la representación de las personas trabajadoras (RLT) y la representación de la empresa.

 ACTIVIDAD COMPLEMENTARIA

4. Reflexiona y contesta a las siguientes cuestiones.

El proceso de diagnóstico de un plan de igualdad consiste fundamentalmente en realizar un análisis detallado y pormenorizado sobre la situación de partida, con respecto a la igualdad de oportunidades entre hombres y mujeres y las situaciones de discriminación en una empresa en cuestión.

- ¿Qué tipo de información se debe recopilar para llevar a cabo el proceso de diagnóstico?
- ¿Qué aspectos concretos debe incluir el informe de diagnóstico en esta fase?

4.3. Tercera fase: diseño, aprobación y registro del plan de igualdad

La finalidad principal del plan de igualdad consiste en definir la política de la empresa u organización, sobre los procesos de igualdad de trato y de oportunidades entre hombres y mujeres, según los resultados obtenidos en el diagnóstico de la situación.

El Real Decreto 901/2020, de 13 de octubre, es actualmente la normativa que regula los planes de igualdad y su proceso de registro, incluyendo los contenidos mínimos del mismo.

El artículo 8 de este real decreto establece el contenido mínimo que deben contener los planes de igualdad. Marca los contenidos mínimos que deben incluir, pero pueden contener más medidas, actuaciones e intervenciones.

SABÍAS QUE...

Según este real decreto, la definición del plan de igualdad es:

"Los planes de igualdad, ya sean de carácter obligatorio o voluntario, constituyen un conjunto ordenado de medidas adoptadas después de realizar un diagnóstico de situación, tendentes a alcanzar en la empresa la igualdad de trato y de oportunidades entre mujeres y hombres y a eliminar la discriminación por razón de sexo" (artículo 8.1).

- -

Los contenidos mínimos del plan de igualdad son la clave del proceso de diseño del mismo (artículo 8.2):

⮕ **Determinación de las partes que los conciertan:** se debe especificar y determinar, con claridad, quiénes firman y acuerdan el plan de igualdad: representantes de las personas trabajadoras (RLT) y representantes de la empresa u organización (agentes sociales).

⮕ **Ámbito personal, territorial y temporal: el plan debe responder a tres cuestiones:**

  ◗ ¿A qué personas aplica o afecta el plan de igualdad? (Ámbito personal).

  ◗ ¿Dónde se va a aplicar? ¿En qué centro o centros de trabajo de la empresa? (Ámbito territorial).

  ◗ ¿Durante cuánto tiempo se va a aplicar? ¿Qué plazo de vigencia tendrá el plan de igualdad? ¿Cuándo deberá renovarse? (Ámbito temporal).

⮕ **Informe del diagnóstico de situación de la empresa:** se debe detallar la situación de la empresa, o centro de trabajo, en torno a la igualdad de oportunidades entre hombres y mujeres, tras un proceso de estudio, análisis y diagnóstico de la situación de partida.

⮕ **Resultados de la auditoría retributiva:** partiendo del Real Decreto 902/2020, de 13 de octubre, de igualdad retributiva entre mujeres y hombres, todas las empresas deberán llevar a cabo una auditoría de los salarios y complementos salariales cobrados por hombres y mujeres en cada uno de los puestos de trabajo desempeñados, dentro de cada empresa y/o centro de trabajo. Se elaborará y presentará un informe al respecto.

⮕ **Definición de objetivos cualitativos y cuantitativos:** el plan de igualdad debe dar respuesta a dos preguntas:

- ¿Qué objetivos cualitativos se quieren alcanzar? Ejemplo: mejorar la conciliación de la vida personal, laboral y familiar de todas las personas trabajadoras, prestando una especial atención al caso de las mujeres.
- ¿Qué objetivos cuantitativos se quieren alcanzar? Ejemplo: aumentar el número de mujeres que ocupan puestos de responsabilidad en la empresa y/o centro de trabajo.
Los objetivos deben ser alcanzables, coherentes y realistas.

⮑ **Descripción de medidas concretas, plazo de ejecución y diseño de indicadores:** se deben detallar todas las actuaciones e intervenciones concretas que se van a llevar a cabo, dentro del plan, para mejorar la igualdad de oportunidades, especificando plazos de ejecución, priorización de las medidas e indicadores para poder analizar y seguir cada actuación o intervención.

⮑ **Identificación de los medios y recursos, materiales y humanos, necesarios para la implantación, seguimiento y evaluación de las medidas del plan:** se debe dar respuesta a dos preguntas:

- ¿Qué recursos humanos son necesarios para poder implementar y desarrollar el plan de igualdad?
- ¿Qué recursos materiales son necesarios para poder implementar y desarrollar el plan de igualdad?

⮑ **Calendario de actuaciones:** se debe calendarizar, por escrito, una planificación de las intervenciones (diseño, implantación y evaluación).

⮑ **Sistema de seguimiento, evaluación y revisión periódica:** establecimiento del proceso o sistema de seguimiento, evaluación y revisión periódica del plan de igualdad: antes, durante y al final del proceso de intervención (evaluación inicial, evaluación del proceso y evaluación final).

⮑ **Composición y funcionamiento de la comisión u órgano paritario encargado del seguimiento, evaluación y revisión periódica de los planes de igualdad:** se debe conformar una comisión u órgano de trabajo, de forma paritaria, entre representantes de las personas trabajadoras y representantes de la empresa (agentes sociales), para así poder seguir, evaluar y revisar las diferentes medidas del plan de igualdad de oportunidades.

⮑ **Procedimiento de modificación, durante el proceso de evaluación o revisión:** el proceso de evaluación y revisión periódica debe incluir el diseño e implementación de las modificaciones que sean necesarias, para así poder mejorar el proceso de eficacia del plan de igualdad.

 **TAREA 5**

Marta es asesora técnica de empresas en UGT y se encarga de apoyar los procesos de diseño y elaboración de los planes de igualdad. Una empresa, junto a sus representantes de las personas trabajadoras, se pone en contacto con el sindicato con el fin de diseñar su propio plan. La empresa quiere saber si está obligada a diseñar su propio plan, además de conocer los contenidos mínimos que este debería incluir. Su objetivo prioritario es potenciar la igualdad de oportunidades entre hombres y mujeres, además de eliminar cualquier situación de discriminación en la empresa. Esta tiene en su plantilla a 40 personas trabajadoras. ¿Está obligada a elaborar su propio plan? ¿Qué contenidos mínimos debe incluir?

La **comisión negociadora,** en función de los resultados obtenidos en la fase de diagnóstico, determinará el orden y la prioridad de las actuaciones que poner en marcha. Habrá que valorar recursos humanos, recursos materiales, tiempos de actuación, indicadores, impacto previsto, calendarización, etc.

El proceso de diseño del plan incluirá una descripción detallada de cada medida concreta. Veamos un ejemplo de lo que debe incluir el análisis y proceso de diseño de cada medida:

Medida concreta de intervención	
Área de actuación	Descripción
Medida concreta	Descripción
Objetivos	Descripción
Análisis detallado	Descripción
Personas destinatarias	Descripción
Cronograma	Descripción
Persona o personas responsables	Descripción
Recursos, materiales y humanos, asociados	Descripción
Indicadores de seguimiento	Descripción

La comisión negociadora aprobará el plan de igualdad. Si existe desacuerdo, se deberá acudir a los procedimientos y órganos de solución autónoma de conflictos. El plan de igualdad, con todo su contenido, será firmado por ambas partes (RLT y representación de la empresa). Se firmará un acta de aprobación del plan de igualdad, donde debe quedar claro quién o quiénes firman cada una de las dos partes.

Una vez aprobado el plan de igualdad, este deberá ser inscrito en el registro de planes de igualdad.

Según el Ministerio de Igualdad, el plan de igualdad, tras su proceso de diseño, queda de la siguiente forma:

El plan de igualdad	
Presentación	Principales datos de la empresa u organización.
Determinación de las partes que acuerdan el plan	Representantes de la empresa y de las personas trabajadoras (RLT).
Ámbito personal, territorial y temporal	Personas a las que se aplica el plan, centros de trabajo afectados y tiempo de vigencia del plan.
Informe de diagnóstico	Resultados, cuantitativos y cualitativos, del proceso de diagnóstico.
Resultados de la auditoría retributiva	Según lo establecido en el Real Decreto 902/2020, de 13 de octubre, de igualdad retributiva entre mujeres y hombres.
Objetivos	Generales y específicos. Cuantitativos y cualitativos.
Medidas concretas	Medidas concretas en cada área de actuación, según los contenidos mínimos del plan. Identificación de los recursos materiales, recursos humanos, evaluación, indicadores de seguimiento y plazo de implementación y ejecución.
Seguimiento y revisión	Sistema de seguimiento del plan: órgano de vigilancia y plazos.
Evaluación	Proceso de evaluación: metodología, herramientas, tipologías y calendarización.
Procedimiento de modificación	Definición del procedimiento para realizar propuestas de mejora o modificaciones, según las discrepancias que puedan surgir o por los procedimientos de revisión.
Calendarización	Definición de un calendario de actuaciones: implantación, seguimiento, revisión y evaluación.

4.4. Implantación y seguimiento del plan de igualdad

Los objetivos de la fase de implantación y seguimiento del plan de igualdad son:

> Comprobar y verificar la consecución de todos los objetivos, generales y específicos, cuantitativos y cualitativos, establecidos en el plan de igualdad.

> Obtener información sobre el proceso de puesta en marcha y el desarrollo de todas las medidas y actuaciones previstas en el plan.

> Detectar posibles dificultades, problemas u obstáculos en el proceso de implantación del plan, realizando aquellos ajustes, cambios o medidas que sean necesarios y oportunos.

Para realizar el seguimiento del plan, se deberá constituir una comisión de seguimiento.

Esta comisión estará formada, de forma paritaria, por representantes de la empresa y representantes de las personas trabajadoras. Además, también debe ser paritaria en cuanto a número de hombres y de mujeres. Por otro lado, la comisión debe estar compuesta por un número reducido de personas, para que así la comisión sea operativa y funcional. Será designada por la comisión negociadora del plan.

La **función principal de la comisión de seguimiento** es realizar una valoración, evaluación y seguimiento de las medidas y actuaciones implantadas con el plan de igualdad. Si se estima oportuno, la comisión de seguimiento deberá aportar o introducir medidas para corregir dificultades, obstáculos o problemas detectados.

Las **tareas concretas** de la comisión de seguimiento serán:

> Facilitar la implantación de todas las medidas.

> Difundir el plan de igualdad.

Continúa en página siguiente >>

<< Viene de página anterior

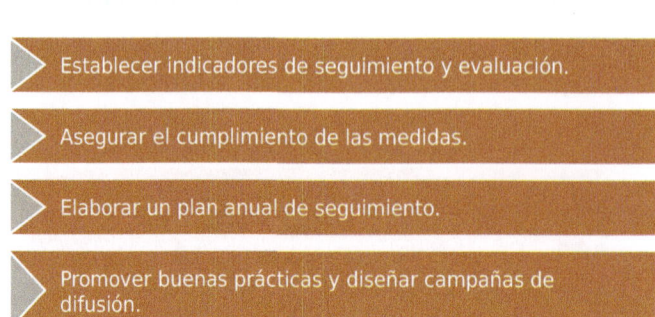

Establecer indicadores de seguimiento y evaluación.

Asegurar el cumplimiento de las medidas.

Elaborar un plan anual de seguimiento.

Promover buenas prácticas y diseñar campañas de difusión.

4.5. Evaluación del plan de igualdad

La evaluación del plan de igualdad se llevará a cabo por la comisión de seguimiento. La comisión de evaluación es la comisión de seguimiento. Se utilizan ambos términos de forma sinónima. Esta comisión estará formada, de forma paritaria, por representantes de la empresa y representantes de las personas trabajadoras. También debe ser paritaria en cuanto a número de hombres y de mujeres. Será designada por la comisión o mesa negociadora del plan. La dirección de la comisión de evaluación le corresponde a la representación de la empresa. La función principal de la comisión de evaluación es realizar una valoración, evaluación y seguimiento de las medidas y actuaciones implantadas con el plan de igualdad.

La evaluación se lleva a cabo a partir de la información, datos y documentación recopilada en la fase de implantación y seguimiento del plan. El proceso permite conocer el grado de consecución de los objetivos definidos, en el proceso de diseño del plan, y el nivel de ejecución de las medidas adoptadas, según cada área de actuación.

La evaluación debe tener en cuenta tres aspectos:

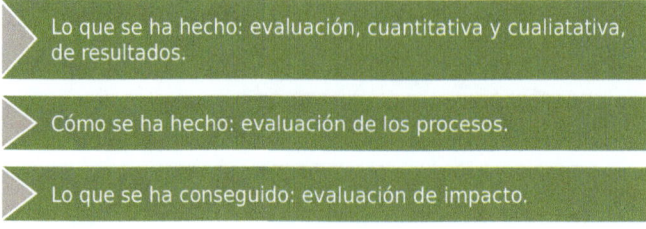

Lo que se ha hecho: evaluación, cuantitativa y cualiatativa, de resultados.

Cómo se ha hecho: evaluación de los procesos.

Lo que se ha conseguido: evaluación de impacto.

El proceso de evaluación permite mejorar en su conjunto el plan de igualdad.

5. Análisis y aplicación de técnicas de información y sensibilización

 **HILO CONDUCTOR**

Llegados a este punto, Jimena continúa con su estudio trabajando el proceso de análisis y aplicación de las técnicas de información y sensibilización: difusión de la normativa vigente, diseño de protocolos de intervención concretos, campañas de sensibilización o formación en igualdad de oportunidades, entre otros asuntos.

- -

En el contexto de las empresas y de las relaciones laborales, una vez analizadas las actividades de información y sensibilización en materia de igualdad de oportunidades, tomando conciencia del papel de los planes de igualdad, es importante conocer técnicas concretas de información y sensibilización.

RECUERDA

Las actividades de información y sensibilización, en materia de igualdad efectiva en el empleo, que hemos analizado están relacionadas con:

- Procesos de selección y contratación.
- Desarrollo profesional.
- Formación continua.
- Conciliación y corresponsabilidad.

Continúa en página siguiente >>

<< Viene de página anterior

- Prevención del acoso por razón de sexo.
- Planes de igualdad.

En definitiva, están relacionadas con los procesos de fomento de la igualdad de oportunidades entre hombres y mujeres, y la eliminación de todo tipo de discriminación.

En este contexto, las técnicas concretas de información y sensibilización que se pueden utilizar son:

⮑ **Difusión de la normativa vigente:** los agentes sociales, en el contexto de la empresa, deben y pueden difundir:

  ⭕ Información sobre el convenio colectivo de aplicación o el Estatuto de los Trabajadores.
  ⭕ Permisos de conciliación de la vida personal, laboral y familiar, según la legislación vigente o mejoras incluidas por el convenio colectivo de aplicación o la empresa en cuestión.
  ⭕ Información sobre el plan de igualdad de la empresa o aquellos protocolos existentes (prevención de la violencia, prevención de situaciones relacionadas con el acoso sexual, etc.).
  Para ello, se puede elaborar cartelería, infografías o difusión a través de correo electrónico u otros medios.

⮑ **Protocolos en los procesos de selección:** definición y elaboración de protocolos concretos para llevar a cabo procesos de selección y de reclutamiento desde una perspectiva de género. Se pueden incluir medidas como, por ejemplo:

  ⭕ Redacción de ofertas de empleo desde un lenguaje inclusivo y no sexista.
  ⭕ Definición de competencias para cada oferta de empleo sin sesgos de género.
  ⭕ Análisis objetivo de las candidaturas.
  ⭕ Medidas de acción positiva en favor del sexo menos representado.
  ⭕ Eliminación de sesgos o estereotipos de género en las ofertas de empleo.
  ⭕ Formar al personal responsable de los procesos de selección en diversidad, paridad e igualdad de oportunidades.

⇨ **Protocolos en los procesos de promoción:** definición y elaboración de protocolos concretos para llevar a cabo procesos de ascenso y promoción profesional desde una perspectiva de género, para así acabar con los "techos de cristal". Se pueden incluir medidas como, por ejemplo:

- ◔ Formar al personal responsable de los procesos de promoción en diversidad, paridad e igualdad de oportunidades.
- ◔ Definir los procesos de promoción profesional desde una perspectiva de género, evitando sesgos y estereotipos.
- ◔ Tener en cuenta a aquellas personas, normalmente mujeres, en situaciones legales de reducción de jornada o excedencia, por cuidado de hijos, hijas u otros familiares dependientes.
- ◔ Redacción inclusiva de las oportunidades de promoción profesional.
- ◔ Análisis objetivo de las candidaturas.
- ◔ Diseñar itinerarios de promoción profesional teniendo en cuenta las necesidades y expectativas de las mujeres.

⇨ **Plan de igualdad:** el plan de igualdad debe ser un eje vertebrador de todas las actividades y técnicas de información y sensibilización, en el marco de la empresa, sobre igualdad de oportunidades entre hombres y mujeres. La plantilla debe participar en la elaboración del plan de igualdad y, una vez aprobado, la empresa y la RLT deben dar a conocer sus puntos y medidas.

⇨ **Protocolos de intervención (violencia, acoso...):** en torno al plan de igualdad, más directa o indirectamente, la empresa puede contar con diversos protocolos relacionados con el fomento de la igualdad de oportunidades y la prevención de diferentes situaciones de violencia:

- ◔ Protocolo de selección desde una perspectiva de género.
- ◔ Protocolo de promoción profesional desde una perspectiva de género.
- ◔ Protocolo de igualdad retributiva.
- ◔ Protocolo de conciliación y corresponsabilidad.
- ◔ Protocolo de comunicación y lenguaje no sexista.
- ◔ Protocolo de prevención de la violencia de género.
- ◔ Protocolo de intervención y prevención ante situaciones de acoso sexual o por razón de sexo.
- ◔ Protocolo de buen trato.
- ◔ Protocolo para la igualdad y no discriminación de las personas LGTBI.

⇨ **Análisis de retribuciones salariales:** análisis y difusión de los salarios y complementos salariales de todas las personas trabajadoras de la plantilla, desagregando los datos por: puesto de trabajo, responsabilidad, hombres y mujeres, grupos de edad, etc. La auditoría de salarios se incluirá en el contexto del plan de igualdad.

⊃ **Campañas de sensibilización y de difusión:** en el contexto laboral, tanto por parte de las empresas como por parte de la representación legal de las personas trabajadoras, se pueden poner en marcha diferentes campañas de información y sensibilización:

- ◑ Campañas a través de vídeos o imágenes. Ejemplo: campaña para la utilización del lenguaje inclusivo en las comunicaciones de la empresa.
- ◑ Testimonios.
- ◑ Espacios de debate o reflexión.
- ◑ Difusión de buenas prácticas.

⊃ **Formación en igualdad de oportunidades:** se podrán ofrecer cursos de formación gratuitos, de forma voluntaria u obligatoria, a todas las personas trabajadoras de la plantilla. Además, las personas encargadas de los procesos de selección, formación o promoción profesional podrán recibir formación centrada en eliminación de sesgos o estereotipos de género.

⊃ **Buenas prácticas:** será interesante, como medida de información y sensibilización, difundir y publicar buenas prácticas, dentro y fuera de la empresa, en torno a la promoción de la igualdad efectiva en el empleo. Algunos ejemplos son:

- ◑ Utilización del lenguaje inclusivo o no sexista.
- ◑ Incorporación de la perspectiva de género en los procesos de selección.
- ◑ Incremento del número de mujeres en puestos de responsabilidad.
- ◑ Mejora de los permisos relacionados con la corresponsabilidad y la conciliación de la vida personal, laboral y familiar.

 ACTIVIDAD 5

Leonor es técnica de recursos humanos en una empresa y, desde dirección, le han pedido que, junto a otras compañeras y compañeros, adopte medidas concretas para llevar a cabo procesos de selección más inclusivos y respetuosos con la igualdad de oportunidades entre hombres y mujeres. ¿Qué técnicas de información y sensibilización puede utilizar para poner en valor medidas más inclusivas y comprometidas con la igualdad?

6. Elaboración de materiales de información y sensibilización

☞ HILO CONDUCTOR

Jimena, una vez analizadas las técnicas de información y sensibilización, se centra en el proceso de elaboración de materiales, instrumentos y herramientas variadas, como, por ejemplo, materiales vinculados con el plan de igualdad, guías de sensibilización, protocolos y materiales formativos, y campañas de difusión.

6.1. Materiales de información y sensibilización

Todas las actividades, actuaciones concretas y/o técnicas de información y sensibilización sobre igualdad de oportunidades (reclutamiento y selección, formación continua, promoción profesional, conciliación, plan de igualdad, protocolos, difusión de buenas prácticas o utilización del lenguaje inclusivo) se deben estructurar y canalizar a través de la elaboración de materiales, instrumentos y herramientas diversas. Estos materiales, posteriormente, se publicarán y difundirán.

Los materiales de información y sensibilización a los que nos referimos son los que se indican a continuación.

Materiales vinculados al plan de igualdad

El plan de igualdad, como tal, incluye la elaboración de diversos materiales o herramientas:

- Informe del proceso de diagnóstico.
- Informe o guía retributiva de la empresa.
- Cuestionarios administrados a las personas trabajadoras.
- Guía informativa sobre el plan.
- Protocolos vinculados al plan.
- Infografías o cartelería sobre medidas del plan.

Guías de sensibilización

Se pueden crear o utilizar guías concretas de sensibilización sobre igualdad de oportunidades entre hombres y mujeres:

- Sobre igualdad efectiva en el empleo.
- Sobre incorporación de la perspectiva de género en la comunicación empresarial (redes sociales, correos electrónicos, etc.).
- Sobre igualdad retributiva.
- Sobre eliminación de sesgos y estereotipos de género.

Protocolos

Las técnicas de información y sensibilización, en algunos casos, requieren la creación de protocolos concretos, como herramienta y material de uso y difusión:

- Protocolo de selección desde una perspectiva de género.
- Protocolo de promoción profesional desde una perspectiva de género.
- Protocolo de igualdad retributiva.
- Protocolo de conciliación y corresponsabilidad.
- Protocolo de comunicación y lenguaje no sexista.
- Protocolo de prevención de la violencia de género.
- Protocolo de intervención y prevención ante situaciones de acoso sexual o por razón de sexo.
- Protocolo de buen trato.
- Protocolo para la igualdad y no discriminación de las personas LGTBI.

Materiales formativos y de campañas de difusión

La realización de acciones formativas y de difusión requiere de diversos materiales:

- Guías.
- Cartelería.
- Infografías.
- Publicaciones en redes sociales.
- Diplomas.
- Dosieres.
- Memorias.

Otros

Utilización de libros, vídeos, periódicos, revistas, artículos científicos o campañas publicitarias.

 VÍDEO

La ley de igualdad, según lo marcado en la Constitución, es la normativa marco sobre la promoción de la igualdad de oportunidades y de trato en el empleo entre hombres y mujeres. Accede desde aquí al siguiente vídeo para repasar su contenido.

https://redirectoronline.com/1403020302

El uso de cartelería o imágenes para fomentar la igualdad de oportunidades entre hombres y mujeres, en el ámbito del empleo.

TAREA 6

Pilar es representante legal de las personas trabajadoras en su empresa y ha formado parte de la negociación del plan de igualdad. Junto a otras dos compañeras, debe encargarse de recopilar todo el material elaborado en torno al diseño y creación del plan. ¿Qué materiales de información y sensibilización se han creado o deben crearse, en materia de información y sensibilización de igualdad de oportunidades, en torno al plan de igualdad?

- -

6.2. La utilización del lenguaje no sexista

La utilización del lenguaje no sexista o **lenguaje inclusivo** es fundamental para conseguir la igualdad efectiva en el empleo, debiéndose tener en cuenta en:

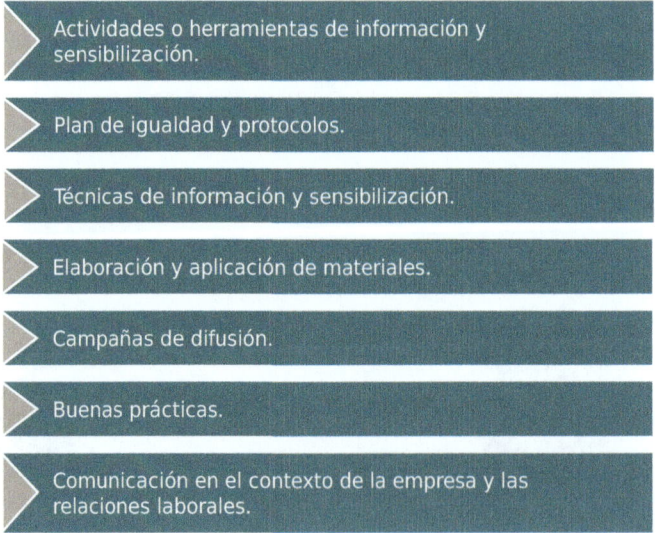

Actividades o herramientas de información y sensibilización.

Plan de igualdad y protocolos.

Técnicas de información y sensibilización.

Elaboración y aplicación de materiales.

Campañas de difusión.

Buenas prácticas.

Comunicación en el contexto de la empresa y las relaciones laborales.

El **lenguaje sexista** es el lenguaje que refleja parcialidad hacia uno de los sexos, tratando a las personas del otro sexo de forma discriminatoria. Lo que ocurre en la mayoría de los casos es que la parcialidad se decanta a favor del sexo masculino y en contra del femenino. Por tanto, el lenguaje sexista es aquel que excluye y discrimina, normalmente, a las mujeres.

El uso del lenguaje no es neutro: refleja las discriminaciones sociales, describe las jerarquías e impone categorías que, en cuestiones de género, desfavorecen a las mujeres. El lenguaje es el vehículo de transmisión de roles y estereotipos, y del uso del lenguaje depende que estos sean deconstruidos y sustituidos por nuevas formas de representación más justas con la realidad de las mujeres.

El uso sexista del lenguaje es aquel que discrimina por sexo, invisibiliza a la mujer y lo femenino y fomenta la violencia simbólica, que acaba traduciéndose en violencia real. No es suficiente con que se nombre a las mujeres para que se produzca la revolución cultural, sino que es necesario combatir el sexismo lingüístico, fomentando una lengua depurada de elementos sexistas, que se libre del componente androcéntrico que arrastra históricamente.

Por el contrario, si se utiliza un lenguaje no sexista, inclusivo e igualitario, se consigue eliminar la desigualdad de género, erradicar los estereotipos y dar visibilidad a las mujeres.

Algunas estrategias y actuaciones para la utilización no sexista del lenguaje son:

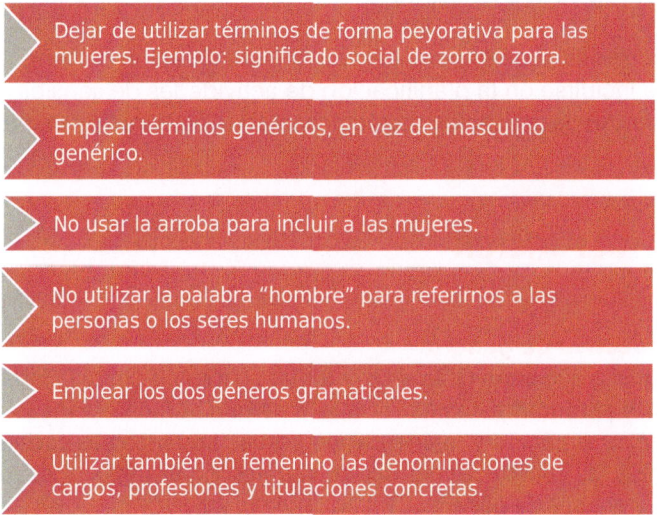

Dejar de utilizar términos de forma peyorativa para las mujeres. Ejemplo: significado social de zorro o zorra.

Emplear términos genéricos, en vez del masculino genérico.

No usar la arroba para incluir a las mujeres.

No utilizar la palabra "hombre" para referirnos a las personas o los seres humanos.

Emplear los dos géneros gramaticales.

Utilizar también en femenino las denominaciones de cargos, profesiones y titulaciones concretas.

El **masculino genérico** resulta un obstáculo para la visibilización de las mujeres, para hablar de quiénes son, de sus realidades, de lo que hacen y lo que necesitan. Cuando se utiliza el masculino genérico, la imagen mental que se desarrolla es la de hombres realizando acciones, no la de mujeres desarrollando actividades.

Algunos *tips* para el uso no sexista o inclusivo del lenguaje son...	
Uso sexista	**Uso no sexista**
Los jóvenes	Las personas jóvenes o la juventud
Los alumnos...	El alumnado...
Los profesores...	El profesorado...
Los trabajadores...	Las personas trabajadoras o el equipo de trabajo...
Las limpiadoras...	El personal de limpieza...
Los hombres...	Las personas o los seres humanos...
Los vecinos...	El vecindario...
Los consultores...	El personal de consultoría o los consultores y las consultoras
Los niños	En la niñez
Los ancianos...	Las personas mayores...

6.3. La perspectiva de género

La perspectiva de género, al igual que la utilización del lenguaje no sexista, debe incluirse en la planificación de actividades de sensibilización e información, en la utilización de técnicas y en la elaboración de materiales.

 **DEFINICIÓN**

Perspectiva de género
Es aquella que permite analizar y tomar conciencia sobre la forma en la que se crean y perduran sistemas sociales a partir de un determinado punto de vista del sexo, el género y la orientación sexual. Los sistemas sociales hacen referencia a las construcciones socioculturales y, por tanto, a los roles, prejuicios y estereotipos de género.

Los **elementos para entender** la importancia de la perspectiva de género son:

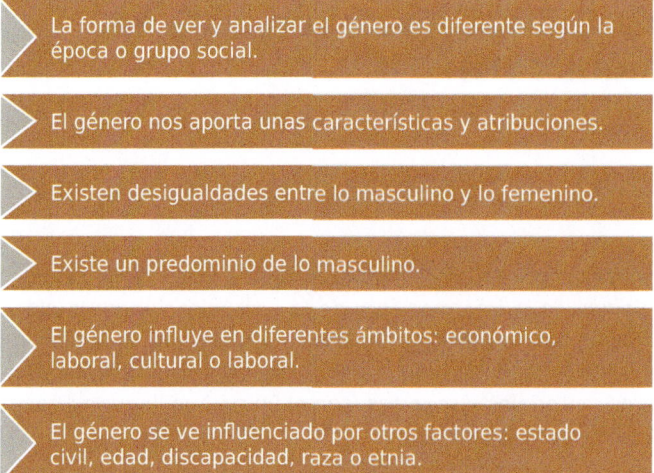

> La forma de ver y analizar el género es diferente según la época o grupo social.

> El género nos aporta unas características y atribuciones.

> Existen desigualdades entre lo masculino y lo femenino.

> Existe un predominio de lo masculino.

> El género influye en diferentes ámbitos: económico, laboral, cultural o laboral.

> El género se ve influenciado por otros factores: estado civil, edad, discapacidad, raza o etnia.

El objetivo principal de la perspectiva de género, además de tomar conciencia sobre las situaciones de desigualdad, es **conseguir la igualdad de oportunidades entre hombres y mujeres y prevenir situaciones de violencia,** marginación, injusticia o discriminación, favoreciendo a ambos sexos o contrarrestando las desigualdades.

La perspectiva de género sirve para entender que las situaciones se pueden cambiar, y no quedarnos anclados en lo que de forma "natural" ha quedado establecido social o culturalmente.

La perspectiva de género sirve para comprender las desigualdades y luchar contra ellas.

7. Uso de las tecnologías de la información y la comunicación para la organización de actividades de información y sensibilización. Accesibilidad de los soportes de comunicación

 **HILO CONDUCTOR**

Para finalizar su estudio, Jimena también explica cómo se pueden utilizar las tecnologías de la información y de la comunicación en la planificación de las actividades de información y sensibilización sobre igualdad de oportunidades, en el contexto laboral. Además, también quiere incluir el valor de la accesibilidad de estos materiales y soportes, con el fin de que lleguen a todas las personas, sin dejar a nadie atrás.

En las últimas décadas, la forma en la que nos comunicamos y accedemos a la información ha cambiado. Vivimos en **la era de la información, la globalización y los medios de comunicación** social.

El **impacto de las nuevas tecnologías** de la información y de la comunicación (TIC) en todos los aspectos de la sociedad constituye, casi con total probabilidad, el proceso histórico más relevante de los últimos 50 años.

DEFINICIÓN

TIC
Son aquellos programas y herramientas que comparten, administran y transmiten información a través de diferentes soportes.

Las principales herramientas de las TIC son:

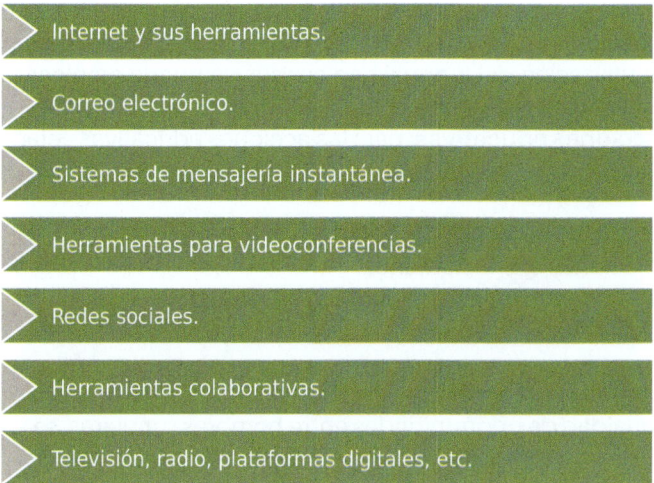

Internet y sus herramientas.

Correo electrónico.

Sistemas de mensajería instantánea.

Herramientas para videoconferencias.

Redes sociales.

Herramientas colaborativas.

Televisión, radio, plataformas digitales, etc.

👁 EJEMPLO

- Correo electrónico: *Gmail.com.*
- Sistema de mensajería instantánea: *WhatsApp.*
- Herramienta para videoconferencia: *Zoom.*
- Red social: *Facebook.*
- Herramienta colaborativa: *Google Drive.*

Internet y los dispositivos electrónicos mejoran sus servicios y prestaciones, y cada vez son más utilizados por la población. Actualmente, las redes sociales son una plataforma fundamental para la comunicación y la información, además de una herramienta importante para acciones de sensibilización.

Las tecnologías de la información y de la comunicación (TIC), para la organización de actividades de información y sensibilización en igualdad de oportunidades entre hombres y mujeres, se pueden utilizar de las siguientes formas:

➲ **Acciones de difusión:** para las acciones de difusión, información y sensibilización se puede utilizar:

  ۝ Correo electrónico.
  ۝ Blog.

- Redes sociales.
- Plataformas de vídeo.

Por ejemplo, para crear y difundir una campaña de sensibilización, sobre la utilización del lenguaje no sexista, se puede emplear una plataforma de vídeo como, por ejemplo, *YouTube.*

⊃ **Acciones educativas:** para las acciones educativas, relacionadas con la igualdad de oportunidades entre hombres y mujeres, se puede utilizar:

- Plataformas de teleformación.
- Mensajería instantánea.
- Plataformas para realizar videoconferencias.
- Artículos web.

Por ejemplo, para organizar y gestionar una acción formativa sobre igualdad de oportunidades entre hombres y mujeres, se puede utilizar la plataforma de teleformación *Moodle.*

⊃ **Recogida y gestión de datos:** para la recogida de información y gestión de datos (encuestas sobre el plan de igualdad o análisis de la estructura retributiva de la empresa, por ejemplo), se puede utilizar:

- *Google Forms.*
- *Espacios colaborativos.*
- *Excel.*
- *Word.*
- *Foros.*

Por ejemplo, para recoger la opinión de todas las personas trabajadoras de una empresa, sobre algún tema concreto, es posible utilizar *Google Forms,* que ofrece la posibilidad de crear y administrar encuestas de forma ágil, sencilla y gratuita.

⊃ **Participación y eventos:** para potenciar la participación y la gestión de eventos, se puede emplear:

- Plataformas digitales.
- Calendarios digitales.
- Videollamadas.
- Páginas web.
- Herramientas en la nube.

Por ejemplo, para potenciar la participación de la plantilla de personas trabajadoras, por ejemplo, en la aportación de elementos relacionados con el plan de igualdad, se puede utilizar una herramienta en la nube, como *Google Drive.*

⊃ **Acciones generalistas:** para la organización de actividades de información y sensibilización, en el contexto empresarial, a nivel general (procesos de selección, procesos de promoción, formación, prevención de acoso por razón de sexo, etc.), se puede utilizar:

ʊ *Excel.*
ʊ Herramientas en la nube.
ʊ Internet.
ʊ Redes sociales.
ʊ *Word.*
ʊ Blog.

Por ejemplo, para la gestión de ofertas de empleo inclusivas, es posible usar un *Excel* compartido o la publicación de las ofertas, desde una perspectiva de género, en las redes sociales o diferentes páginas web.

Es importante **cuidar la accesibilidad de los soportes de información y comunicación,** garantizando así una transmisión efectiva entre la parte emisora y la parte receptora, sin importar su condición o dificultad.

 SABÍAS QUE...

La comunicación es un proceso de transmisión de un mensaje, por medio de un canal, entre una o varias personas emisoras y una o varias personas receptoras, utilizando un código común para poder así transmitir el mensaje o mensajes, produciéndose esta situación en un contexto determinado.

Vamos a reflexionar sobre diversas cuestiones relacionadas con la accesibilidad de los soportes de información y comunicación, en el contexto de la igualdad de oportunidades entre hombres y mujeres.

Se trata de tomar conciencia sobre cómo hacer accesibles los diferentes materiales: vídeos, textos, infografías, cartelería, etc.:

Lenguaje inclusivo

ʊ Utilizar frases cortas y breves.
ʊ Evitar tecnicismos.
ʊ Lenguaje sencillo y claro.

Diseño inclusivo

⮑ Adaptar la lectura a diferentes realidades: personas con discapacidad intelectual o personas con discapacidad visual, por ejemplo.

Accesibilidad digital

⮑ Utilizar formatos compatibles con las diferentes pantallas.
⮑ Usar los contrastes adecuados.
⮑ Selección de una tipografía elegible.

Tecnología con apoyo

⮑ Utilización de teclados o ratones grandes.
⮑ Lectores de texto.
⮑ Navegación intuitiva.
⮑ Navegación adaptada a personas con movilidad reducida.
⮑ Navegación a través de programas de lectura fácil.

Participación

Adaptar la tecnología para el fomento de la participación de todas las personas: adaptación de cuestionario, diseño accesible y tecnología con apoyo.

 TAREA 7

Ana trabaja como técnica de recursos humanos en una empresa dedicada a la construcción y el mantenimiento. Entre sus tareas, se encarga de gestionar cursos de formación para la plantilla. En la actualidad, está creando y gestionando un curso online sobre igualdad de oportunidades y eliminación de estereotipos de género. ¿Qué herramientas de las TIC puede o debe utilizar para la creación y gestión de este curso?

ACTIVIDAD 6

Agustín trabaja como responsable de recursos humanos de una empresa de distribución. Acaba de encargar a su equipo la tarea de mejorar la accesibilidad de los materiales de información y sensibilización utilizados por la empresa, centrándose especialmente en aquellos relacionados con el lenguaje. ¿Cuáles de los siguientes elementos tienen que ver con esta cuestión?

a. Evitar tecnicismos.
b. Utilizar frases cortas y breves.
c. Usar los contrastes adecuados.
d. Navegación intuitiva.

8. Resumen

En España, junto al Gobierno, los agentes sociales encargados de negociar las relaciones laborales y empresariales son dos: los sindicatos, como representantes de las personas trabajadoras, y las organizaciones empresariales y patronales, como representantes de las empresas.

La planificación de las actividades de información y sensibilización, en torno a la igualdad de oportunidades entre hombres y mujeres, se organiza en torno a diversas cuestiones:

Los planes de igualdad, obligatorios para aquellas empresas con más de 50 personas trabajadoras, son un conjunto de medidas e intervenciones adoptadas tras realizar un diagnóstico y un análisis de la situación sobre igualdad dentro de las empresas, cuyo fin es conseguir en estas la igualdad de trato y de oportunidades y eliminar la discriminación por razón de sexo.

Las fases de los planes de igualdad son:

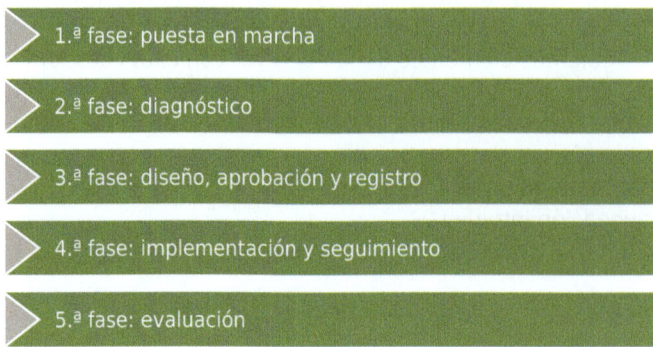

1.ª fase: puesta en marcha

2.ª fase: diagnóstico

3.ª fase: diseño, aprobación y registro

4.ª fase: implementación y seguimiento

5.ª fase: evaluación

Algunas de las técnicas para desarrollar las actividades de sensibilización e información son las siguientes:

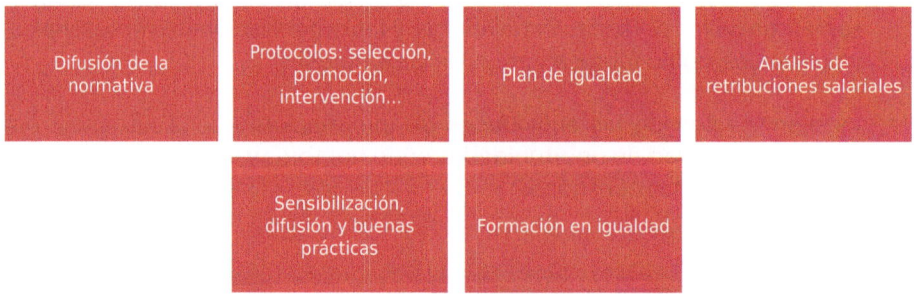

Difusión de la normativa

Protocolos: selección, promoción, intervención...

Plan de igualdad

Análisis de retribuciones salariales

Sensibilización, difusión y buenas prácticas

Formación en igualdad

Las técnicas de información y sensibilización deben incluir la selección de materiales concretos que diseñar, desarrollar y utilizar. Este material debe incorporar la perspectiva de género y la utilización de lenguaje inclusivo, no sexista.

Las nuevas tecnologías serán claves en el proceso de planificación, desarrollo, implementación de técnicas y utilización de materiales de información y sensibilización, pudiéndose utilizar de diferentes ópticas:

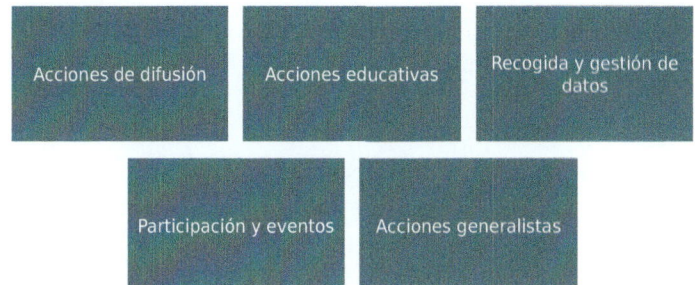

Ejercicios de autoevaluación
Unidad de Aprendizaje 3

1. Determina si la siguiente afirmación es verdadera o falsa: "Los principales agentes sociales, en el contexto del mercado de trabajo español, son CEOE, USO y CGT".

   ■ Verdadero
   ■ Falso

2. Determina si la siguiente afirmación es verdadera o falsa: "La planificación de actividades de sensibilización, con respecto a los procesos de reclutamiento, selección y contratación, tiene, entre otros objetivos, reconocer el potencial profesional de las mujeres e integrarlas en la plantilla de trabajo en las diferentes áreas".

   ■ Verdadero
   ■ Falso

3. Indica las opciones correctas. ¿En qué áreas o aspectos de las relaciones laborales se pueden planificar actividades de información y sensibilización?

   a. Elaboración de nóminas.
   b. Conciliación y corresponsabilidad.
   c. Desarrollo profesional.
   d. Formación continua.

4. ¿Qué artículo de la Ley Orgánica 3/2007, de 22 de marzo, para la igualdad efectiva de mujeres y hombres define los procesos de elaboración y aplicación de los planes de igualdad?

   a. Artículo 7
   b. Artículo 35
   c. Artículo 45
   d. Artículo 47

5. **¿Qué empresas, como norma general, están obligadas a elaborar y aplicar planes de igualdad?**

   a. Aquellas con más de 25 personas trabajadoras.
   b. Aquellas con más de 50 personas trabajadoras.
   c. Aquellas con más de 75 personas trabajadoras.
   d. Aquellas con más de 100 personas trabajadoras.

6. **Determina si la siguiente afirmación es verdadera o falsa: "Los contenidos mínimos del plan de igualdad son, entre otros: resultados de la auditoría retributiva, definición de objetivos cualitativos y cuantitativos y sistema de evaluación, seguimiento y revisión periódica".**

   ■ Verdadero
   ■ Falso

7. **Indica las opciones correctas. Las técnicas concretas de información y sensibilización que se pueden utilizar son:**

   a. Difusión de la normativa vigente.
   b. Campañas de sensibilización y difusión.
   c. Publicidad en redes sociales.
   d. Intervención emocional.

8. **Determina si la siguiente afirmación es verdadera o falsa: "El uso sexista del lenguaje es aquel que discrimina por sexo, invisibiliza a la mujer y lo femenino, y fomenta la violencia simbólica, que acaba traduciéndose en violencia real".**

   ■ Verdadero
   ■ Falso

9. **Relaciona cuáles de las siguientes frases se asocian al uso sexista o no sexista (inclusivo) del lenguaje:**

   __ El profesorado...
   __ Los jóvenes...
   __ El vecindario...
   __ Las personas...
   __ Las limpiadoras...

10. Indica las opciones correctas. ¿Cómo se pueden hacer accesibles los soportes de comunicación e información?

    a. Utilizando tecnicismos.
    b. Empleando formatos compatibles con diferentes pantallas.
    c. Con un sistema de navegación compleja.
    d. Mediante el predominio del lenguaje sencillo y claro.

Glosario

Autoridad laboral

Órgano o conjunto de órganos de las Administraciones públicas que ejercen la competencia ejecutiva sobre legislación laboral que tengan atribuidas.

Brecha salarial de género

Es la diferencia que existe entre el salario medio de los hombres y las mujeres, como porcentaje del salario medio de los hombres. Existe la brecha salarial cuando el valor del trabajo de un hombre y de una mujer es el mismo pero el sueldo no.

Convenio colectivo

Es un acuerdo en el cual quedan establecidas las obligaciones y los derechos entre las personas trabajadoras y las empresas. Deben pactarse entre la representación de las personas trabajadoras y las empresas.

Corresponsabilidad

Responsabilidad compartida de una situación determinada entre dos o más personas. Al repartir de forma equitativa, las personas corresponsables tienen los mismos derechos y deberes.

Diagnóstico

Proceso de reconocimiento, análisis y evaluación de una cuestión o situación para determinar sus tendencias, solucionar un problema o remediar algo que no está bien.

Discriminación positiva

Actuación, política o programa que proporciona acceso preferencial a la educación, al empleo, a la asistencia sanitaria o al bienestar social a personas de un grupo minoritario que tradicionalmente han sido objeto de discriminación, con el objetivo de crear una sociedad más igualitaria y justa.

División sexual del trabajo

Hace referencia a la manera en que cada sociedad organiza la distribución del trabajo entre los hombres y las mujeres, según los roles de género establecidos que se consideran apropiados para cada sexo.

Doble jornada

Es la suma de cargas vinculadas al empleo, la familia, los cuidados y el hogar. Esta doble jornada genera situaciones de desigualdad y carga, mental y emocional, para las mujeres.

Estereotipos de género

Características, rasgos y cualidades que la sociedad asigna a cada sexo. Hace referencia a lo que la sociedad espera de los hombres y de las mujeres, por el simple hecho de serlo.

Excedencia

Es la suspensión del contrato de trabajo por decisión libre de la persona trabajadora o por alguna circunstancia de fuerza mayor que el empleado deba afrontar. Las excedencias pueden ser forzosas o voluntarias. En el marco de las excedencias voluntarias, se encuentran aquellas destinadas al cuidado de hijos, hijas o personas en situación de dependencia.

Feminismo

Movimiento social que exige la igualdad de derechos, de trato y de oportunidades de las mujeres, con respecto a los hombres, y el reconocimiento de los orígenes y las causas de la desigualdad en el patriarcado.

Género

Construcción sociocultural que define las diferentes características que deben tener las mujeres y los hombres. Es un concepto aprendido por las personas en un contexto concreto.

Indicadores

Son descriptores o rasgos de referencia, otorgando información, cualitativa o cuantitativa, conformada por uno o varios datos, en forma de percepciones, números, hechos, opiniones o medidas.

Infrarrepresentación

Hace referencia al número de personas que no llegan a ser la proporción correspondiente de su grupo con respecto al total de personas que son representadas.

Lenguaje inclusivo
También conocido como lenguaje incluyente o lenguaje no sexista, es un modo de comunicación verbal y escrita que no genera discriminación por género o identidad de género.

Masculino genérico
Consiste en nombrar a las personas en masculino, pero incluyendo en el significado tanto a hombres como a mujeres.

Negociación
Proceso de diálogo entre dos o más personas o partes entre las cuales se ha suscitado un conflicto, por lo general, motivado porque las partes involucradas tienen algunos intereses en común y otros opuestos, con el fin de llegar a un acuerdo satisfactorio para ambas partes.

Perspectiva de género
Mirada reflexiva con la que analizar y comprender las características que definen las relaciones entre sexos, las diferencias que hay entre mujeres y hombres en el acceso a los derechos y las situaciones de desigualdad que se producen en los diferentes ámbitos.

Retribución
Cantidad de dinero u otro elemento que se da a una persona como pago por un trabajo o servicio.

Segregación horizontal
Alta concentración de las mujeres en puestos de trabajo, típicamente feminizados, que suelen tener más altas tasas de paro, menor remuneración económica y escaso prestigio social.

Sexismo
Es un tipo de discriminación por cuestiones de sexo o de género. Está relacionado con los prejuicios y los estereotipos que pesan sobre mujeres u hombres por las características que se le atribuyen a cada sexo o género.

Sexo
Se refiere a las características biológicas y fisiológicas que definen a hombres y mujeres. Es un concepto que viene determinado por la naturaleza.

Sindicato
Asociación de personas trabajadoras cuyo propósito es defender los derechos laborales del sector que representan y promover iniciativas, proyectos y leyes de su interés. Se constituyen libremente.

Techo de cristal

Hace referencia al bajo nivel de representación que tienen las mujeres en los puestos de responsabilidad en las empresas y en la vida civil. Es una barrera invisible, que dificulta y limita el acceso de las mujeres a los altos puestos de poder (de las organizaciones, la política y las empresas) a pesar de tener la misma cualificación y méritos que sus compañeros varones.

Técnicas

Conjunto de procedimientos aplicados a una tarea específica, con base en el conocimiento de una ciencia o arte, para obtener un resultado determinado.

Trabajo reproductivo

Son aquellas actividades destinadas al cuidado del hogar, las personas que conviven con él, la maternidad y la familia en el sentido más amplio. Históricamente, este trabajo se ha asociado a las mujeres, generando sesgos de género, prejuicios, estereotipos y situaciones de discriminación en todos los ámbitos.

Violencia de género

Hace referencia a la violencia que afecta a las mujeres por el mero hecho de serlo. Constituye un atentado contra la integridad, la dignidad y la libertad de las mujeres, independientemente del ámbito en el que se produzca.

Bibliografía

Monografías

→ ARGÜELLES Blanco, A. R.: "Conciliación y corresponsabilidad en los cuidados: líneas evolutivas y retos para los derechos laborales", *en VV. AA. El derecho del trabajo que viene. Reflexiones sobre la reforma laboral que necesitamos.* A Coruña: Colex, 2023.

> Manual que analiza la evolución de los derechos laborales relacionados con la conciliación de la vida personal, laboral y familiar, además de los cuidados en España, destacando el paso de un modelo tradicionalmente femenino hacia uno más basado en la corresponsabilidad. Analiza los avances normativos, la influencia europea y los retos actuales, como el envejecimiento poblacional y la necesidad de reforzar servicios públicos y políticas de igualdad.

→ CABRERA Guadamud, V. G.: *Estrategias para la sensibilización contra la discriminación, violencia y acoso laboral, desde una perspectiva de género,* 2025.

> Libro que aborda diferentes estrategias educativas y organizativas para sensibilizar sobre la discriminación, la violencia y el acoso laboral desde una perspectiva de género. Propone herramientas formativas y prácticas que promueven entornos laborales más igualitarios, seguros y respetuosos, destacando el papel de la educación en la transformación social y laboral.

→ DE IGUALDAD, P. L. A. N.: *Manual para elaborar un Plan de Igualdad en la empresa Aspectos básicos.*

> Guía práctica para elaborar un plan de igualdad en el contexto de las empresas, explicando los aspectos básicos que deben tenerse en cuenta: diagnóstico de situación, objetivos, medidas concretas y seguimiento. Su propósito es facilitar la implementación de políticas que promuevan la igualdad efectiva entre mujeres y hombres en el entorno laboral.

→ NARANJO Pera, A.: *Aplicación de conceptos básicos de la teoría de género y del lenguaje no sexista. SSCE0212.* Antequera: IC Editorial, 2024.

> Manual especializado alineado con el certificado profesional SSCE0212 que ofrece herramientas para identificar estereotipos y discriminación por sexo, tanto en el lenguaje como en las imágenes, y para realizar diagnósticos de

desigualdad. Además, enseña a fomentar la participación y el empoderamiento de las mujeres a través de intervenciones y buenas prácticas con perspectiva de género.

Textos electrónicos

→ Instituto de las Mujeres, de: <https://www.inmujeres.gob.es/>.

Página web nacional del Instituto de las Mujeres en la que se puede encontrar información muy diversa relacionada con el ámbito de la igualdad en los distintos escenarios donde se puede aplicar.

→ Ministerio de Igualdad, de: <https://www.igualdad.gob.es/>.

Página web del Ministerio de Igualdad integrada por enlaces a organismos relacionados con este ámbito, además de noticias, normativas e información institucional.

→ Planes de Igualdad, de: <https://www.igualdadenlaempresa.es/asesoramiento/pdi/home.htm.>.

Página web del Instituto de las Mujeres dedicada a incluir toda la información relacionada con la elaboración y puesta en marcha de los planes de igualdad, a través de sus cinco fases.

Legislación

→ Ley Orgánica 3/2007, de 22 de marzo, para la igualdad efectiva de mujeres y hombres.

Normativa que regula el derecho de igualdad de trato y de oportunidades entre mujeres y hombres, mediante la eliminación de la discriminación de la mujer en cualquiera de los ámbitos de la vida.

→ Ley Orgánica 1/2004, de 28 de diciembre, de Medidas de Protección Integral contra la Violencia de Género.

Normativa que establece un marco legal integral para prevenir, sancionar y erradicar la violencia ejercida sobre las mujeres por parte de sus parejas o exparejas, regulando mecanismos de protección inmediata.

→ Ley 39/1999, de 5 de noviembre, para promover la conciliación de la vida familiar y laboral de las personas trabajadoras.

Normativa que regula medidas legales para favorecer la conciliación de la vida familiar y laboral de las personas trabajadoras, mediante permisos retribuidos, reducción de jornada y excedencias específicas.

→ Real Decreto legislativo 2/2015, de 23 de octubre, por el que se aprueba el texto refundido de la Ley del Estatuto de los Trabajadores.

Normativa que regula derechos y obligaciones en el ámbito de las relaciones laborales, tanto para las personas trabajadoras como las organizaciones.

→ Real Decreto-ley 5/2023, de 28 de junio, por el que se adoptan y prorrogan determinadas medidas de respuesta a las consecuencias económicas y sociales de la guerra de Ucrania, de apoyo a la reconstrucción de la isla de La Palma y a otras situaciones de vulnerabilidad; de transposición de directivas de la Unión Europea en materia de modificaciones estructurales de sociedades mercantiles y conciliación de la vida familiar y la vida profesional de los progenitores y los cuidadores; y de ejecución y cumplimiento del derecho de la Unión Europea.

Normativa que establece, entre otras medidas, nuevas medidas de conciliación de la vida personal, laboral y familiar.

→ Real Decreto-ley 32/2021, de 28 de diciembre, de medidas urgentes para la reforma laboral, la garantía de la estabilidad en el empleo y la transformación del mercado de trabajo.

Normativa que introduce una reforma laboral orientada a reducir la temporalidad, generalizar el contrato indefinido y simplificar las modalidades de contratación.

→ Real Decreto-ley 6/2019, de 1 de marzo, de medidas urgentes para garantía de la igualdad de trato y de oportunidades entre mujeres y hombres en el empleo y la ocupación.

Normativa que establece medidas urgentes para garantizar la igualdad de trato y oportunidades entre mujeres y hombres en el empleo.

→ Real Decreto 901/2020, de 13 de octubre, por el que se regulan los planes de igualdad y su registro y se modifica el Real Decreto 713/2010, de 28 de mayo, sobre registro y depósito de convenios y acuerdos colectivos de trabajo.

Normativa que regula el desarrollo reglamentario de los planes de igualdad en las empresas, incluyendo su diagnóstico, contenido mínimo, procedimiento de negociación, registro oficial y depósito de protocolos para prevenir el acoso sexual y por razón de sexo.

→ Real Decreto 902/2020, de 13 de octubre, de igualdad retributiva entre mujeres y hombres.

Normativa que desarrolla prácticas obligatorias para garantizar la igualdad retributiva entre mujeres y hombres, implementando el principio de transparencia salarial.